Mach ihn lang, Bruda!

RR

Klaus Hansen

Mach ihn lang, Bruda!

Der Ball, der Müll und der Spruch

Roland Reischl Verlag

Bibliografische
Information der Deutschen Nationalbibliothek: Die Deutsche Nationalbibliothek verzeichnet diese Publikation in der Deutschen Nationalbibliografie; detaillierte bibliografische Daten sind im Internet über http://dnb.d-nb.de abrufbar.

www.rr-verlag.de | Originalausgabe: Köln 2024
Herstellung: Books on Demand, Norderstedt
ISBN 978-3-943580-52-5

Inhaltsverzeichnis

Anpfiff

Kurze Stories. Minutengeschichten, Anekdoten, früher hätte man „Schnurren“ gesagt oder, wenn man es anspruchsvoller wollte: Faits divers.

Geschehnisse auf dem Spielfeld finden ihre Fortsetzung in der Fantasie des Autors. „Fußball ist auch das, was er nicht ist“, hat der italieniche Schriftsteller Giovanni Arpino geschrieben. Eine These, der sich der Autor verpflichtet fühlt.

Zu jeder Geschichte gehört ein Mülleimer, grafisch gestaltet aus dem Buchstaben U des Fonts „Castellar“. Geschichte um Geschichte füllt sich der Mülleimer mit zwei Buchstaben. Bis am Ende fünfzehn alte Stadionnamen versammelt sind.

Die Abfallkörbe verführen mit kessen Sprüchen dazu, sauber zu bleiben. Man eifert dem Friseurhandwerk nach, das seit Jahren sprachliche Kreativität beweist. Der einstige „Salon Monika“ heißt heute: „HairGott“, „Schopfgeldjäger“ oder „Well Kamm“.

Für die Region Fußball bedienen wir uns des Jargons, den die Fußballfreunde pflegen. Also steht auf den Mülleimern rund ums Stadion: „Lupf ihn rein!“, „Einer geht noch!“, „Mach ihn lang!“ Aufforderungen, denen man gerne folgt. Denn der Saubermann, so wie er spricht, ist einer von uns.

„Der Ball, der Müll und der Spruch“ ist ein Fußballbuch mit Anspruch.

Vordenbäumen
Haßdenteufel
Eiteljörge

Mit den Namen fing es an

Tooor!

Bastian kennt einen Fußballer, „Zückerchen“ gerufen, der nach jedem erzielten Treffer auf allen vieren zur nächsten Eckfahne kriecht, die rechte Vorderpfote an die Stirn führt, „Gott zum Gruße!“ ruft, das linke Hinterbein hebt, „Wasser marsch!“ befiehlt, dann, wie vom Blitz getroffen, in sich zusammensinkt und ein Häufchen Elend bildet. Einen schöneren Ausdruck des Torjubels, sagt Bastian, kenne er nicht.

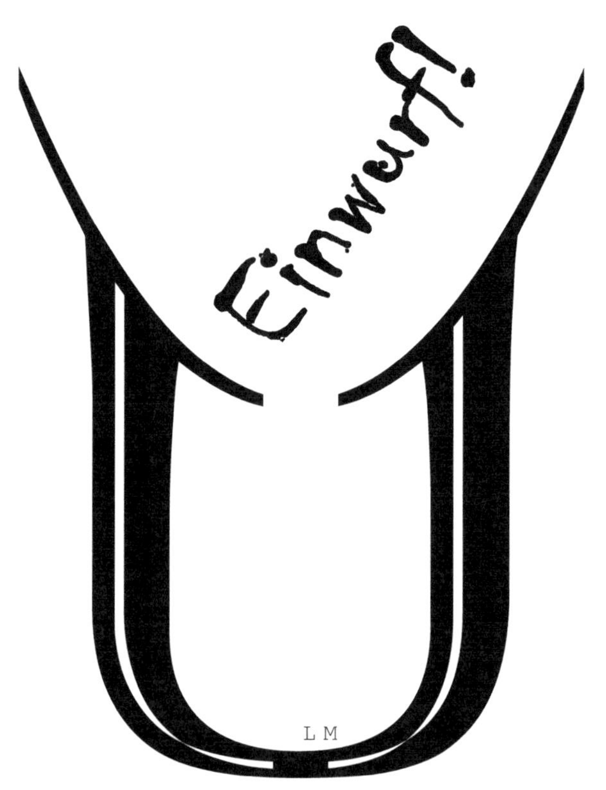
Einwurf!
LM

Überqualifiziert

Der
unter Perfektophobie
leidende und deshalb von Selbst-
mordgedanken geplagte Spieler Frederik hatte dreißig Strafstöße nachei-
nander sicher verwandelt. Als er zu seinem einunddreißigsten Elfmeter antrat, tat
er es mit ausdrücklicher Aufforderung so-
wohl seines Trainers als auch seines The-
rapeuten, den Ball zu verschießen. Aber
es gelang ihm nicht. Frederik musste mit dem Makel, vollkom-
men zu sein, weiter-
leben.

Volltreffer!
GALM

Das Lösungswort

Die große Synagoge in Berlin wird von Polizisten mit Maschinengewehren bewacht. Auf der Straße davor steht ein Panzer quer, in dem ein junger Soldat sitzt, der Kreuzworträtsel löst. „Franz“, ruft er einem Kollegen auf der anderen Straßenseite zu, „Wunder mit vier Buchstaben?“ – „Bern.“ „Passt!“

Mit links!
ER
GALM

Unser Herr Schulz

Herr Schulz, unser Sportlehrer auf dem Gymnasium, glaubte alles über Fußball zu wissen. Er selbst habe Amateur-Oberliga gespielt. „20 Buden pro Saison." Und schnell sei er gewesen, 100 Meter in 11 Sekunden, „handgestoppt", wie er immer hinzufügte, um die Ehrlichkeit der Zeitmessung zu betonen. Herr Schulz hat seinen Weg gemacht. Über die Sonderbegabtenprüfung ist der Volksschulabsolvent zum Sportlehrerstudium gekommen. Gerne führte er uns Gymnasiasten vor, indem er Spielpaarungen irgendeines internationalen Fußballwettbewerbs nannte und uns aufforderte, die Länder anzugeben, aus denen die Vereine kommen, zum Beispiel: *Luftetari Gjirokaster* gegen *Stjarnan Gardabaer.* Wir Schüler rieten ins Blaue und lagen immer daneben. Von Clubs aus Albanien und Island hatten wir kaum je gehört. Aber Herr Schulz war fair und gab uns eine zweite Chance: *Irtysch Pawlodar* gegen *FK Qäbälä.* Wieder kam von unserer Seite nichts Brauchbares. Kasachstan und Aserbaidschan wären richtig gewesen. Der „Junge aus dem einfachen Volk", wie Schulz sich selbst nannte, blühte regelrecht auf, wenn er uns „Schnösels aus der Villa Überfluss" zeigen konnte, wie bestusst wir waren. Da der Bildungsweg unseres Sportlehrers ihm die Berührung mit der lateinischen Sprache erspart hatte, versuchten wir Sekundaner uns auf unsere Weise zu rächen. Also konfrontierten wir Herrn Schulz eines Tages mit der Paarung: *AS Cogito Bumm* gegen *FKK Ergo Sum.* „Italien, dritte Liga, und Zypern, zweite Liga!" Herr Schulz zögerte nicht eine Sekunde mit seiner Antwort. Und wieder waren wir Schüler die Belämmerten.

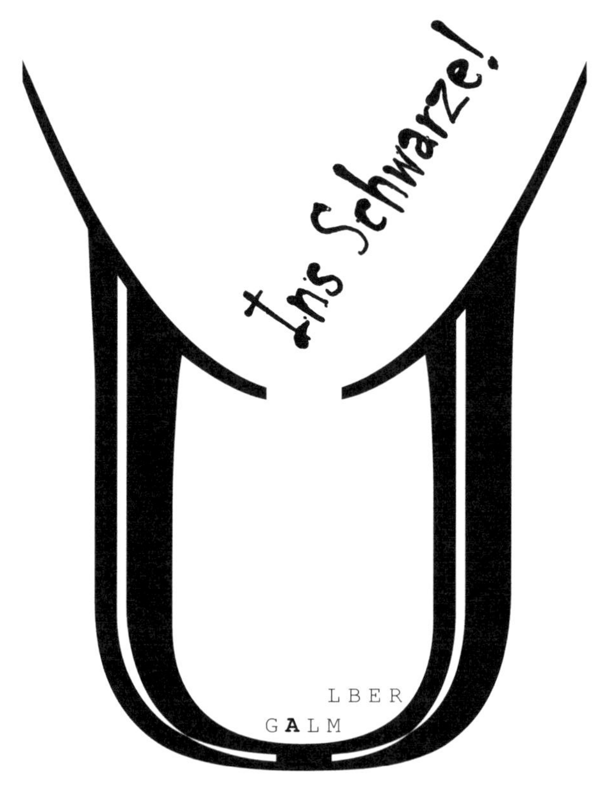
Ins Schwarze!
LBER
GALM

Unter seinesgleichen

Lange
vor „Kaiser Franz“ gab es
einen, den man „König Richard“
rief. Der beste Fußballer seiner
Generation. Laufstrak, torgefährlich, un-
erbittlich. Kennzeichen: fehlendes Ohr,
rechts. Als es zum Ländervergleich mit Däne-
mark in Kopenhagen kam, begrüßte der däni-
sche König die deutschen Spieler mit Hand-
schlag, auch „König Richard“, den Kapitän der
Mannschaft. Auf die Frage nach seinem Be-
finden, „Wie geht’s?“, antwortete „König
Richard“ unerschrocken und durchaus
auf Augenhöhe: „Danke, gut,
Herr König! Und selbst?“

Alleingang!
KELBER
GALM

Länderspiel

Sie sind Tischler,
Gärtner und Automechaniker.
Sie tragen kurze Haare und lange
Haare. Ihre Kleidung ist schlicht, aber nicht
nachlässig. Ein stilles Lächeln umspielt ihre
Mundwinkel. Sie haben Feierabend und scheinen
mit sich und der Welt im Reinen. Sympathische
junge Männer im Wirtshaus „Unter der Eiche“.

Als aus dem Radio die Nachricht kommt, dass in
Westfalen drei Türken bei einem Brandanschlag
getötet wurden, heben die Männer ihre Gläser und
stoßen an: „Drei zu null für Deutschland!“
„Nazis!“, ruft einer von hinten. – „Jude!“,
antwortet einer der Männer. – Dann ist
wieder Ruhe. – Im Radio läuft jetzt
„Griechischer Wein“.

Hand Gottes!
OEKELBER
GALM

Verbalvergehen

Der wegen gefährlichen Wortspiels („Emmerling! Emmerling! Unterirdisch wie ein Engerling!“) und zweifelhaften Hintergrundwissens („Es gibt Spieler, die verletzen sich sogar im Bett.“) bereits mehrfach gelbverwarnte Fußballreporter Rübenhauer erweist sich als unverbesserlicher Wiederholungstäter. Heute gelang es ihm, alle vier Himmelsrichtungen des Fußballs – vorne, hinten, rechts und links – in einem einzigen kurzen Unsinns-Gebinde unterzubringen: „Wenn vorne was über hinten läuft, dann meistens über rechts, das heißt häufiger noch über links.“

Komm zur Sache!
UBOEKELBER
GALM

Die Aufgabe

„Mir ist keine Aufgabe zu schwer",

sagte der Trainer nach nur zwei Pünktchen aus neun Spielen.

Das war am Samstag.

„Ich stelle mich jeder Aufgabe!"

Sonntag

„Aufgaben sind da, um gemeistert zu werden!"

Montag

„Je größer die Aufgabe, desto höher meine Motivation!"

Dienstag

„Ich bin noch nie vor einer Aufgabe davongelaufen!"

Mittwoch

„An seinen Aufgaben wächst der Mensch!"

Donnerstag

Dann wuchs der Trainer über sich hinaus und gab auf.

Das war am Freitag.

Schon am Samstag stellte sich der Neue vor:

„Mir ist keine Aufgabe zu schwer!"

Touch down!
NA
UBOEKELBER
GALM

Ablassgesuch

Es gab eine Zeit,
da bestritten vor allem bra-
silianische Fußballer, ein Tor geschossen zu haben, nachdem sie es
gerade geschossen hatten. Sie entblößten
dann bedruckte T-Shirts, die sie unter dem
Trikot trugen. „Gott war's", stand darauf
oder: „100 % Jesus". Das Volk auf den Rängen
zollte heftig Beifall. Man suchte Anschluss an
die Gesinnung der Spieler. Auch die Zuschauer wollten nicht Schuld sein an der
Scheiße, die sie tagtäglich zu tun hatten. Auch sie wollten glauben
machen, es widerfahre
ihnen.

Müllimeterarbeit!
SENA
UBOEKELBER
GALM

Ballverliebt

Klein,
schnell und ungemein
trickreich. Iniesta war sein Vorbild.
Wenn Markus „Fürzken" Fütterer sich
mit Affenzahn dem Tor näherte, glaubte
man zu sehen, wie die Kreidelinien des Straf-
raums zu schlingern begannen. Aus Angst? Vor
Freude? Es kam vor, dass Fürzken in seinem Über-
eifer über die Torauslinie hinaus weiterdribbelte
und erst vom Zaun vor der Fankurve gestoppt wurde.
„Fürzken, Super-Fürzken" sangen dann die Fans auf
die Melodie von „Guantanamera". Gegner
kannte er nicht. Er kannte nur sich und „datt
Bälleken". Tore hat er nur wenige erzielt.
Da hätte er sich ja vom Ball trennen
müssen. Das war ihm die
Sache nicht Wert.

Prima Tonna!
ROSENA
UBOEKELBER
GALM

Schade eigentlich

„Grenzwertig“, sagt „Nick Knatterton“, wie Starreporter Pötti auch genannt wird. Der Bundesliga-Profi KRNCEVIC, Eddie Krncevic (MSV Duisburg), sei „grenzwertig“ gewesen. „Ich habe jedes Mal um meine Zunge gefürchtet“, sagt Pötti, „denn ein Knoten im Zungenlappen ist das Aus für jeden Wörterboten.“ Schade, dass KHRCZHOVSKY, Ilya Khrczhovsky, kein Fußballer geworden ist. Zu gerne hätte man Stadionsprecher und Radioreporter bei der Aussprache seines Namens wetteifern gehört.

Mach'et, Beppo!
UGROSENA
UBOEKELBER
GALM

Das Patriarchat bleibt cool

68
Jahre war sie, als sie gewählt wurde. Die erste Frau als Präsidentin eines Vereins der Fußballbundesliga. Alle Welt rühmte den Fortschritt: Endlich mal eine Frau an der Spitze des Männersports! Die Macht der Machos ist angezählt! Die 17 Präsidenten der übrigen 17 Vereine reagierten unerwartet. Denn sie sprachen sich für eine weitere Frau an der Spitze aus: „Uns wären zwei 34-jährige lieber!“

Ausgleich!
KRUGROSENA
UBOEKELBER
GALM

No look

Mutter Kroos schaute beim Stricken nicht auf ihre Hände und die Nadeln, sondern „Tatort“ oder „Wer wird Millionär“. Das imponierte Sohn Toni sehr. Also übte er sich darin, beim Fußballspielen nicht auf die Füße und den Ball zu gucken, sondern immer auf die Mit- und Gegenspieler um ihn herum. Das brachte ihm das Prädikat „Weltklasse“ ein, das seiner Mutter bis heute vorenthalten wird.

Tiefe des Raumes!
ENKRUGROSENA
UBOEKELBER
GALM

Ein Unvollendeter

Halbfinalist im Mittelrhein-Pokal. Sportler des Jahres in Simmerath. Publikumsliebling in Aachen. Aufstieg mit Düsseldorf in die erste Liga. Zwölftbester Bundesliga-Torschütze 2013. Lobende Erwähnung bei der Wahl zum Joker des Jahres 2018. Träger der Fair-play-Medaille des Johanniter-Hilfswerks. Als die Karriere dem Ende zuging, fügte er seinem Wikipedia-Eintrag noch ein weiteres Highlight hinzu: 71-maliger Fast-Nationalspieler. So oft hatte die Nationalmannschaft während seiner aktiven Zeit gespielt. Er war nie dabei. Obwohl er das Zeug dazu hatte. „Nationalspieler der Herzen“ nennen ihn seine Follower. Er selbst nennt sich eine „tragische Existenz“.

Schaffst du!
H L
E N K R U G R O S E N A
U B O E K E L B E R
G A L M

Holterdipolter

Man
schrieb die Zeit des
Rumpelfußballs. Nichts klappte mehr.
Zuspiele über drei Meter gingen daneben,
Torschüsse landeten auf dem Stadiondach, bei
Strafstößen nietete man die Eckfahne um, statt den
Ball zu treffen trat man in den Boden. Dann erschien
„Krüppel Meier“ auf der grünen Bühne. Nur weil er das etwas
kürzere rechte Bein ein wenig nachzog, rief man ihn so. Krüppel Meier versetzte das Stadion in ungläubiges Staunen. Man sah
noch nie zuvor gesehene Finten und Tricks. Den „Übersteiger“
kannte man schon, aber so, wie ihn Krüppel Meier interpretierte,
kannte man ihn noch nicht. Sein aufreizend langsamer „Ver-
schlepper“ – das Wort fand sich erst Wochen später – machte
die Gegenspieler kopflos und sein „Jojo-Bällchen“, eine Art
Doppelpass mit sich selbst, hinterließ allgemeines Rät-
selraten. Der Rumpelfußball war plötzlich kein Thema
mehr. Der Humpelfußball war an seine Stelle ge-
treten. Und Superstar Meier spielte in einem
Trikot, das seinen Künstlernamen
„Krüppel“ trug.

Vollstrecker!
GUHL
ENKRUGROSENA
UBOEKELBER
GALM

Imponierend

Ein technisch limitierter, aber kämpferisch einwandfreier Abwehrspieler aus Porto trug immer eine kleine Tüte Bohnen in seiner kurzen Sporthose. Damit machte er sich zwischen den Beinen größer. Zu Auswärtsspielen nahm er immer eine große Tüte mit. Und wenn es zu Benfica ging, eine ganz große.

Dreck weg!
ERGUHL
ENKRUGROSENA
UBOEKELBER
GALM

El Tren

Der Stürmer aus Kolumbien wurde verpflichtet, so der Trainer, „weil er einer ist, der weiß, wo das Tor steht.“ Im Training stellte sich heraus, dass er noch viel besser wusste, wo die Bäume hinter dem Tor stehen. Denn dahin gingen seine Schüsse. Als „Torgarant“ gekommen, als „Entlauber“ verhöhnt und entlassen. „So schnell kann’s gehen“, sagte der Trainer, der bald darauf unters Auto kam. Die Rückverwandlung des Laubbläsers zum Torjäger bei Dnjepropetrowsk hat er nicht mehr miterlebt.

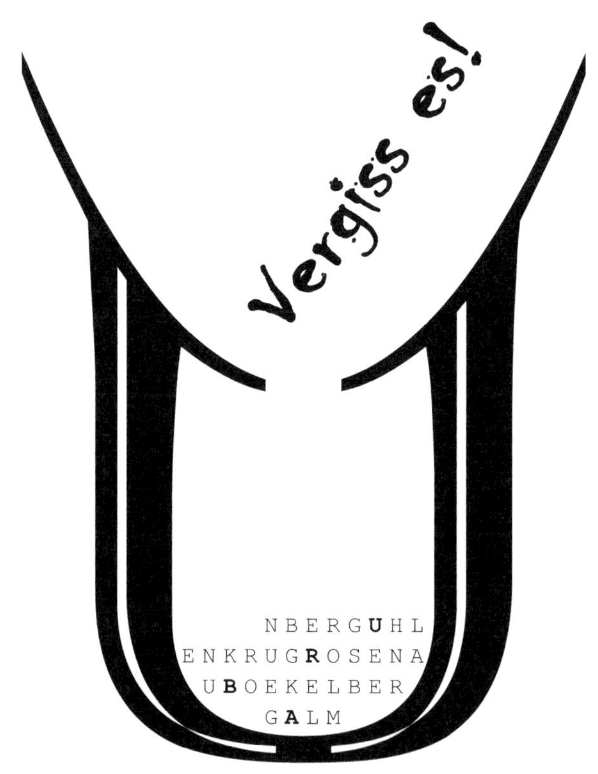
Vergiss es!
NBERG**U**HL
ENKRUG**R**OSENA
U**B**OEKELBER
G**A**LM

Alles capito

Das Wort „Eier“ war tabu. Sprache der Privaten. Hier war man beim Öffentlich-Rechtlichen. „Fortpflanzungsorgane“ klang zu biologisch. Und „empfindliche Teile“ zu sehr nach Ersatzteillager. Der Fußballreporter vom Südwestfunk befand sich in akuter Wortnot. Das zwar selten gewordene, aber unter Sportsmännern durchaus häufig benutzte Wort „Gemächt“ wollte ihm partout nicht einfallen. Also behalf er sich mit einer plötzlichen Eingebung: „Der scharf getretene Ball traf ihn voll ins Gestüt.“ – Niemand unter den Hörern, der nicht verstanden hätte, was gemeint war.

Deckel drauf!
ZENBERGUHL
ENKRUGROSENA
UBOEKELBER
GALM

Aus dem Kaukasus

Es geschah auf einem Fußballplatz in Wladikawkas. Die beiden Mannschaften, die um 16 Uhr angefangen hatten, beschlossen in der Halbzeitpause, nicht mehr auf den Platz zurückzukehren. Auch die Schiedsrichter hielten das für überflüssig, bei einem Spielstand von 0:8. Die Wörter „zweite“ und „Hälfte“ klangen plötzlich weltfremd. Also blieb man in der Umkleidekabine, saß herum, rauchte Papirossi und trank Wodka. Piroggen und Gurken gingen von Hand zu Hand. Zuschauer gab es nur wenige. Sie warteten darauf, dass es weiterging. Aber es ging nicht weiter. Als es dann auch noch zu schneien anfing, kamen auch die Zuschauer in die Kabine. Man holte Kartenspiele aus dem Spind und blieb bis nach Mitternacht zusammen.

Reinhämmern!
ETZENBERGUHL
ENKRUGROSENA
UBOEKELBER
GALM

Mitgliederversammlung

„Ich mit eine Kölnerin geheiratet. Sie immer gesagt: Scheiße FC, alles Driss. Ich sie gefragt: Tut dir leid, Schatzi? Nein, sie gesagt, kein bissken, Ali. Dann ich mich scheiden lassen.“ Großer Applaus im ganzen Saal. Der Präsident ergreift spontan das Wort: „Wenn die bessere Hälfte zur schlechteren wird, ist der klare Cut die Lösung. Bravo, Göktan, Glückwunsch!“ Abermals großer Applaus. Endlich war er, der geborene Türke, aufgenommen in die deutsche Männergesellschaft seines Vereins. Keiner mehr, der ihn Ali rief, alle sagten jetzt Göktan.

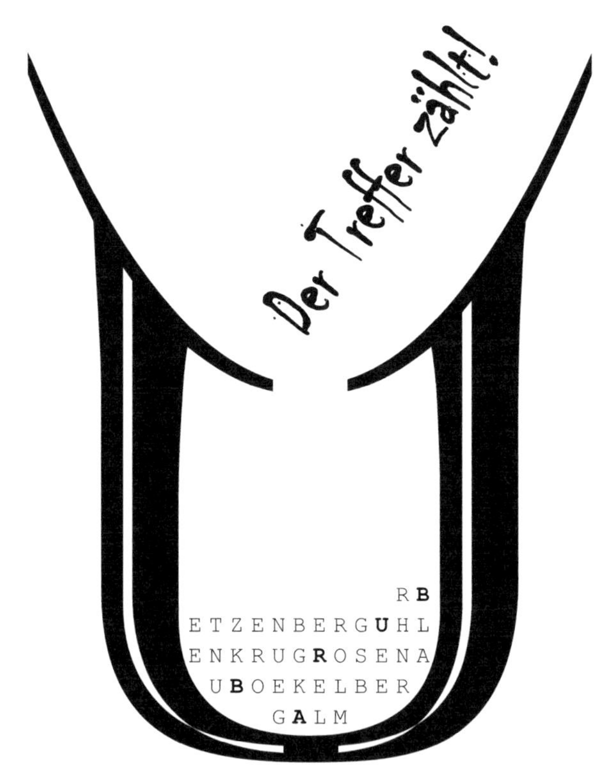
Der Treffer zählt!
R B
E T Z E N B E R G U H L
E N K R U G R O S E N A
U B O E K E L B E R
G A L M

Der Apfel fällt nicht weit vom Stamm

Der
Schiedsrichter
Slavo Pedantic, der lieber
einmal zu viel als einmal zu
wenig pfeift, zeugt mit der
Schiedsrichterin Leslie Laszmal,
die lieber einmal zu wenig als
einmal zu viel pfeift, den Sohn
Mirko Pedantic-Laszmal, der
unbedingt Videoassistent
werden möchte.

Komm schon!
TORB
ETZENBERGUHL
ENKRUGROSENA
UBOEKELBER
GALM

Wuchtbrumme

Der Medizinball ist ein mit Granulat gefüllter Vollball und wiegt um die drei Kilo. Als der Dicke Pitter, Alemannias Zweimeter- und Drei-Zentner-Mann, nach dem Training einen Medizinball auf der Strafraumgrenze liegen sah, also sechzehn Meter vor dem Tor, sagte er sich: „Den mach ich rein!“ Und zwar mit einem Schuss oben in den Winkel. Die Kollegen wetteten dagegen. „Das schafft der nie!“ Den Medizinball ebenerdig reinkullern, das ist vielleicht möglich, aber hoch oben ins Tor? Never! Der Dicke Pitter gewann die Wette nur deshalb nicht, weil er den Medizinball über die Latte drosch.

Zielsicher!
LLTORB
ETZENBERGUHL
ENKRUGROSENA
UBOEKELBER
GALM

Die Umschulung

Bevor der Rechtsverteidiger mangels einsatzfähiger Alternativen auf die Linksverteidigerposition beordert wurde, musste er sich einem Spezialtrainung bei Gehirndoktor Lueg unterziehen. Dabei lernte er, sein Gleichgewichtssystem für Zweikämpfe umzuschulen. In Dr. Luegs Worten: „Das Zentralnervensystem des gelernten Rechtsverteidigers haben wir neuronal auf links gestellt.“ Nach erfolgreichem Abschluss der Seitenverkehrung wurde der Profi angehalten, unmittelbar vor Anpfiff eines jeden Spiels an einer Neun-Volt-Batterie zu lecken, um vom Anstoß weg nicht nur linksorientiert, sondern auch hellwach zu sein.

Gib's ihm!
FALLTORB
ETZENBERGUHL
ENKRUGROSENA
UBOEKELBER
GALM

Talentschmiede

Mit Kindern hatte Benno nie viel am Hut. Das war Sache seiner Frau. Bis Joscha geboren wurde. Sein erster Enkel. Er machte Benno zum Opa und entfachte einen Ehrgeiz in ihm, der alle erstaunte. Benno war seit fünfzig Jahren glühender Anhänger der Borussia. Alle vierzehn Tage stand er bei den Heimspielen in der Fan-Kurve. Auch Auswärtsfahrten, bei denen keine Übernachtung nötig war, machte er mit. Im Stadion verhielt sich Benno wie ein Fünfzehnjähriger, obwohl er sechzig war. Trat ein Spieler der gegnerischen Mannschaft zum Eckstoß an, schmetterte er zusammen mit zehntausend Fans „Arschloch! Wichser! Hurensohn!“ ins weite Stadionrund, um den Kicker zu verunsichern. Und genau das sollten die ersten drei zusammenhängenden Wörter sein, die er seinem Enkel beibringen wollte, damit auch der ein glühender Anhänger Borussias werde, „Arschloch! Wichser! Hurensohn!“ Opa Benno begann mit den Vorbereitungen, als Enkel Joscha sieben Monate wurde: beide Fäustchen in die Luft recken und „Arschloch! Wichser! Hurensohn!“ rufen. Das kann doch nicht so schwer sein. Aber es dauerte. Geduld war Bennos Stärke nicht. Es sollte ein mühsamer Winter werden. Zuerst einmal waren die Urlaute „Mama“ und „Auto“ an der Reihe. Aber dann, am Ende des vierzehnten Monats, die Saison ging zu Ende, war es so weit. Betrat Opa Benno das Zimmer und reckte die Fäuste in die Luft, krähte Enkel Joscha so laut er konnte eine dem Original entfernt ähnelnde Lautfolge. Ein neuer Borusse wuchs heran!

Tor des Monats!
ENFALLTORB
ETZENBERGUHL
ENKRUGROSENA
UBOEKELBER
GALM

Vater und Sohn

Tor-
hüter spielen, bis
sie vierzig sind. Dann treten
sie ab mit den Worten: „Man soll
aufhören, wenn es am schönsten ist."
Das ist erst mit vierzig der Fall. Dann
hat man es geschafft, zum ersten Mal in
einer Herren-Mannschaft zusammen mit
seinem neunzehnjährigen Sohn zu spielen, der Stürmer geworden ist, also
ein richtiger Fußballer. Und nicht
so ein halber Handballer
wie Daddy.

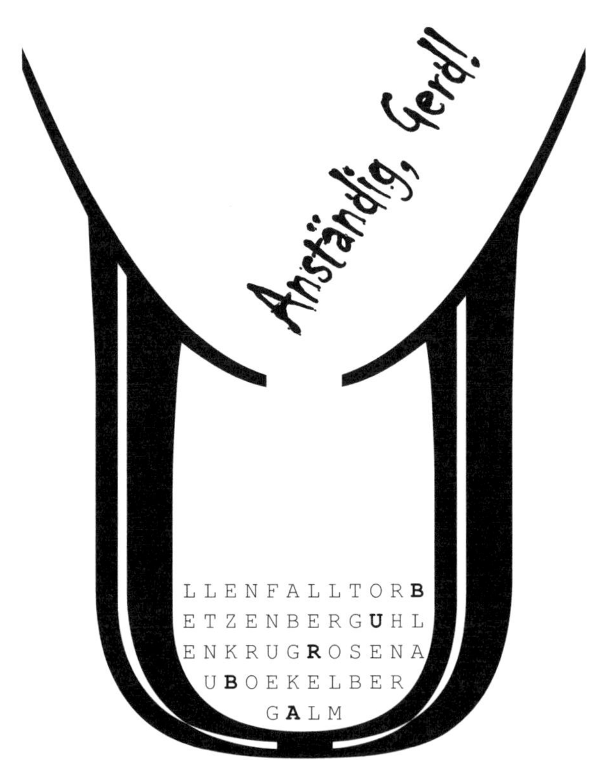
Anständig, Gerd!
LLENFALLTORB
ETZENBERGUHL
ENKRUGROSENA
UBOEKELBER
GALM

Der Schiri gibt einen Fehler zu

Ab der 60. Minute leitete Sergej Schmolik, Weißrusslands Schiedsrichter des Jahres 2005, die Erstligabegegnung zwischen Belarus Witebsk und Naftan Nowopolozk ausschließlich vom Mittelkreis aus. Nach dem Spiel stellte sich heraus, dass Schmolik seinen Dienst mit einem Alkoholwert von 2,6 Promille angetreten hatte. „Um ein altes Rückenleiden zu unterdrücken“, beteuerte der Schiri. Eine therapeutische Maßnahme also.

Als in der zweiten Halbzeit die wohltuennde Wirkung des Alkohols nachließ, meldete sich der verdammte Rücken wieder und zwang ihn zu „sparsamsten Bewegungen auf kleinstem Raum“, wie Schmolik erklärte. „Ich hätte in der Halbzeitpause nachtanken sollen“, gab der Unparteiische selbstkritisch zu Protokoll.

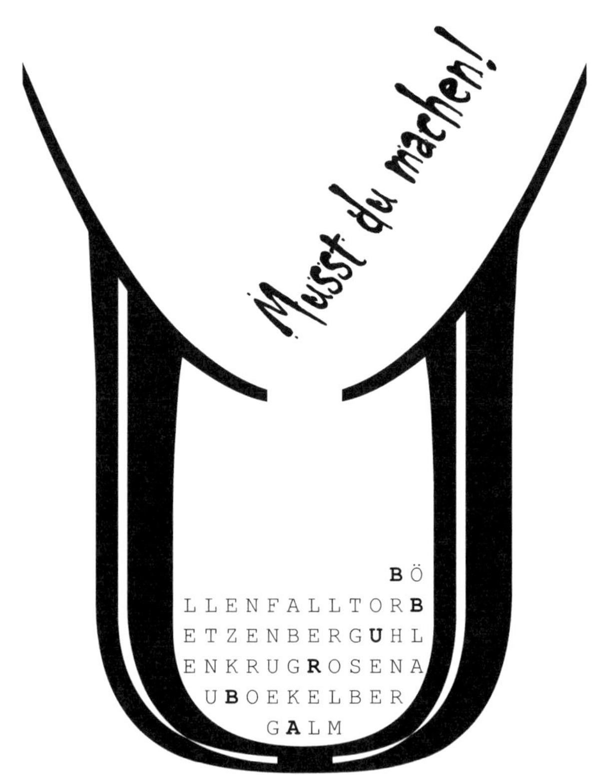

Musst du machen!
BÖ
LLENFALLTORB
ETZENBERGUHL
ENKRUGROSENA
UBOEKELBER
GALM

Überhaupt Schäfer!

„Über Schäfer kein Wort!“ Nein, über Schäfer möchte der Trainer heute nichts sagen. Viel lieber will er über Kitzbichler sprechen. „Richard, sag ich immer zum Kitzbichler, du musst spielen wie ein Tiroler und nicht wie ein Würstchen. Du kommst aus Tirol, du bist ein Tiroler, und Tiroler sind ganze Kerle! Aber leider neigt der Kitzbichler dazu, wie ein Wiener zu spielen.“ – Dann kann der Trainer doch nicht an sich halten und muss ein Wort zu Schäfer sagen: „Besonderes Kennzeichen: lauffaul. Ständiger Wohnsitz: abseits. Lieblingsbeschäftigung: meckern.“ Vernichtend sein Fazit: „Mehr Schaf als Schäfer!“

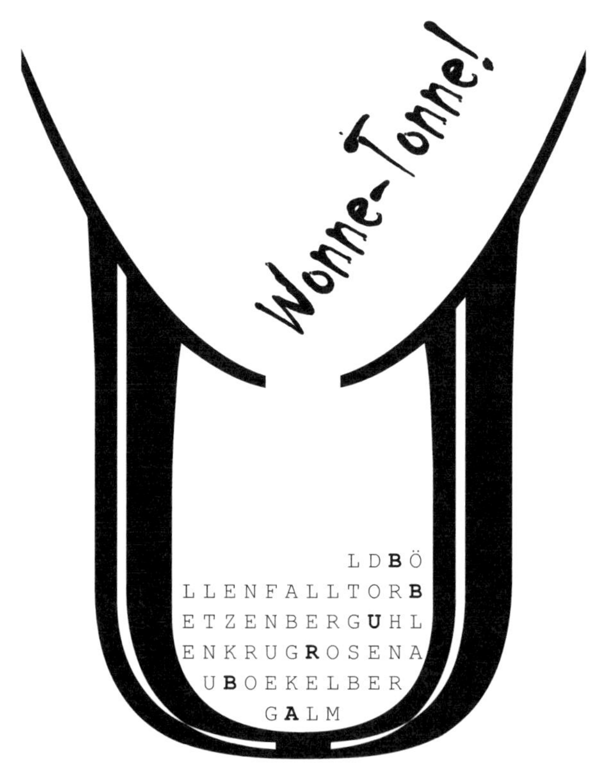
Wonne-Tonne!
LDBÖ
LLENFALLTORB
ETZENBERGUHL
ENKRUGROSENA
UBOEKELBER
GALM

Not macht erfinderisch

Gute Torhüter pflegen verschiedene Techniken beim Abstoß des Balles vom Tor. Vereine, die finanziell auf dem letzten Loch pfeifen, verpflichten bevorzugt Keeper, die den sogenannten sibirischen Abstoß beherrschen. Der reicht bis zum gegnerischen Kasten und erlaubt es dem Club, das komplette Mittelfeld einzusparen.

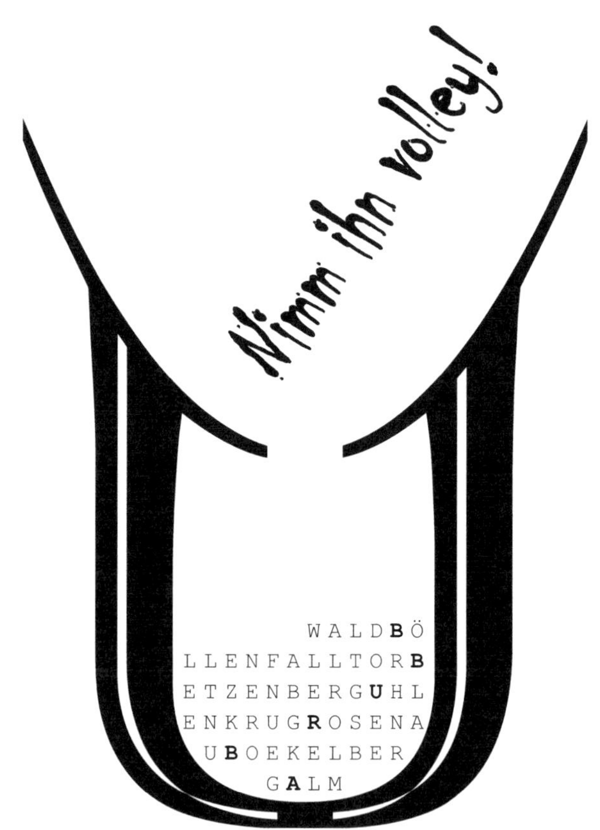
Nimm ihn volley!
WALDBÖ
LLENFALLTORB
ETZENBERGUHL
ENKRUGROSENA
UBOEKELBER
GALM

Friedhofsordnung

Auf einem normalen Friedhof liegen die Gräber der Selbstmörder in einer entlegenen Ecke, wo ihre Ungepflegtheit nicht groß auffällt. Auf den neuen Friedhöfen für Fußballer liegen die Gräber der Selbsttorschützen ebenfalls im schmuddeligen Abseits, damit die Fans nicht gezwungen werden, sich an etwas zu erinnern, an das man nicht erinnert werden möchte. Der Spieler Unverdorben ist mit 128 Eigentoren der King auf diesem schäbigen Stück Erde. Ein Pissoir auf seinem Grab soll die Fans davon abhalten, ihr Wasser wahllos auf dem Totenacker abzuschlagen und obendrein noch als Wildpinkler zur Kasse gebeten zu werden.

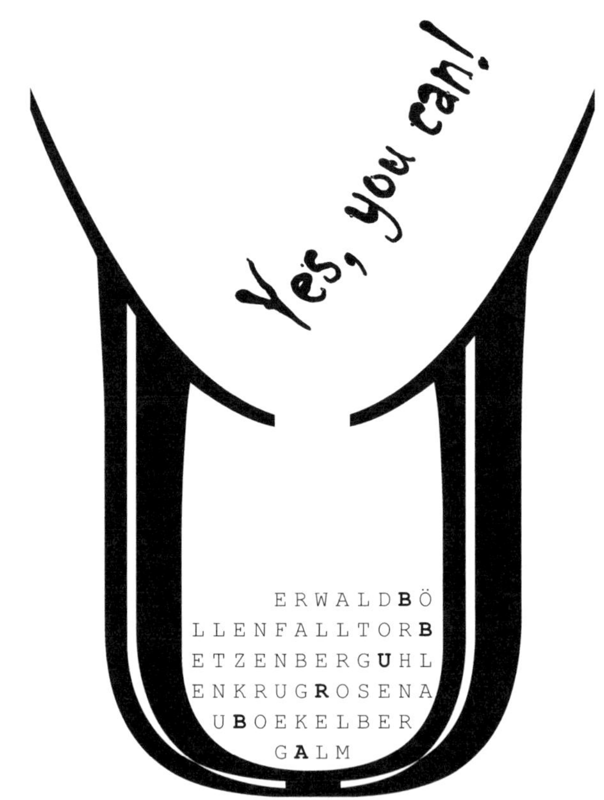
Yes, you can!
ERWALDBÖ
LLENFALLTORB
ETZENBERGUHL
ENKRUGROSENA
UBOEKELBER
GALM

Heimtückisch

Aus Kamerun
wird berichtet, dass
ein Schiedsrichter durch sein
eigenes Arbeitsgerät (wörtlich: „Mund-
werkszeug“) umgebracht worden sei. Ein miss-
günstiger Linienrichter, unzufrieden mit seiner
Nebenrolle als Fähnlein-Schwenker (und vom Neu-
wort „Assistent“ bzw. „Schiedsrichter-Assistent“
mehr beleidigt als respektiert), habe die Schwäche
des Unparteiischen für Süßes ausgenutzt und das
Mundstück der Schiedsrichterpfeife mit Honig
eingeschmiert, dem eine gehörige Dosis
Viperngift beigemengt war. Für den
arglosen Schiedsrichter war der
Anpfiff des Spiels zugleich
sein Abpfiff.

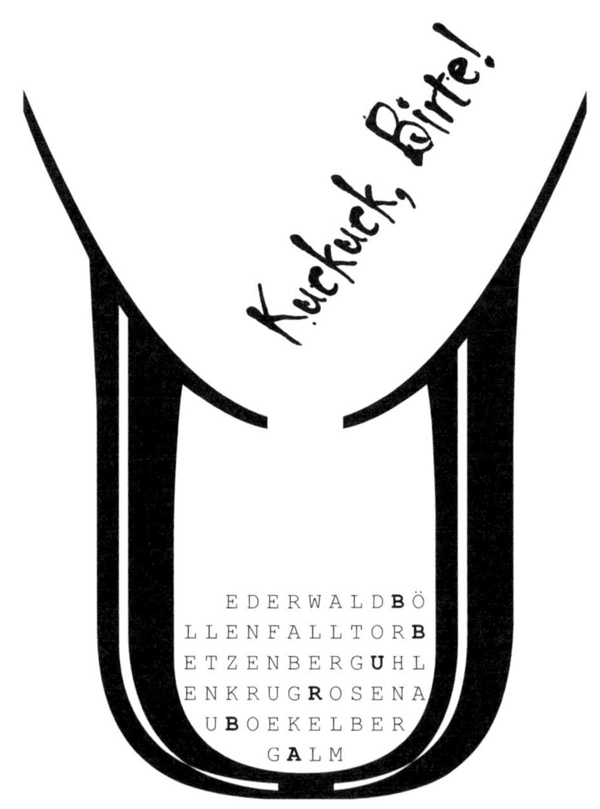
Kuckuck, Birte!
EDERWALDBÖ
LLENFALLTORB
ETZENBERGUHL
ENKRUGROSENA
UBOEKELBER
GALM

Kein Glück und auch noch Pech

Während der Fußballweltmeisterschaft 2014 setzte ein Mann im albanischen Tirana bei einer Wette seine Ehefrau aufs Spiel, weil er nicht genug Bargeld dabei hatte. Der Mann war Argentinien-Fan und sich ganz sicher, dass die Himmelblauen den Titel holen würden. Es kam aber anders. Als er dann mitansehen musste, wie sich seine Ehefrau freudestrahlend mit dem Wettsieger, einem Deutschen!, aus dem Staub machte, war für den Skipetaren die Niederlage komplett.

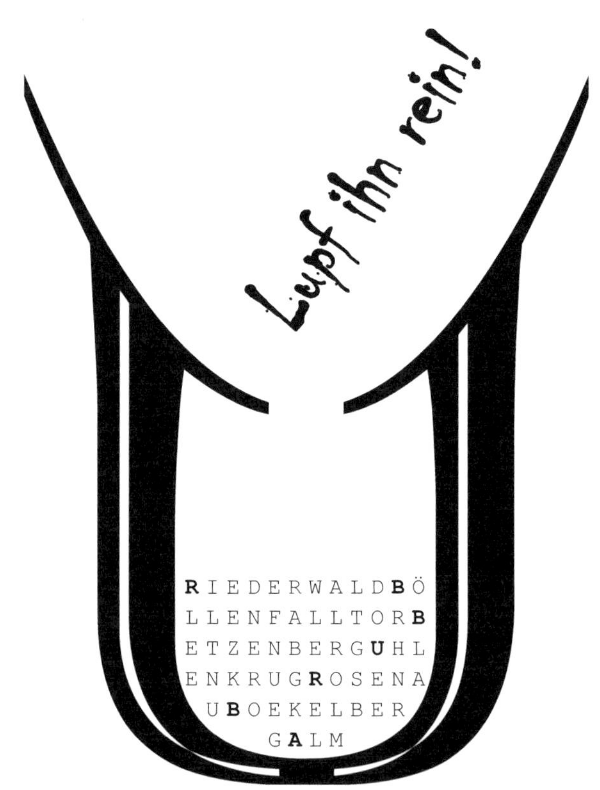
Lupf ihn rein!
RIEDERWALDBÖ
LLENFALLTORB
ETZENBERGUHL
ENKRUGROSENA
UBOEKELBER
GALM

Warum Fußball?

13 zu 9 heißt es
am Ende eines
Baseballspiels.

38 zu 17 beim Rugby.

26 zu 33 beim American Football.

30 zu 30 beim Handball.

102 zu 97 beim Basketball.

Und beim Fußball?

0 zu 0.

Darum Fußball!

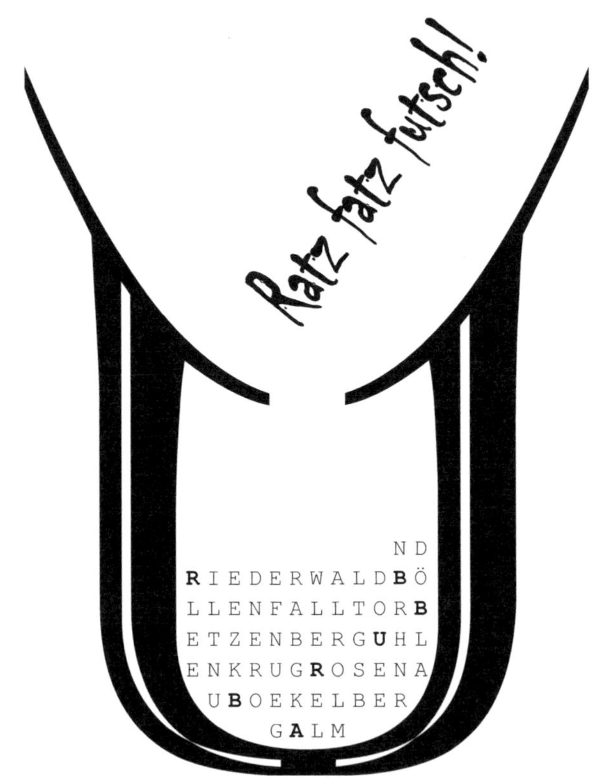
Ratz fatz futsch!
N D
RIEDERWALDBÖ
LLENFALLTORB
ETZENBERGUHL
ENKRUGROSENA
UBOEKELBER
GALM

Ronaldo frei vor Vermeer

Frei
vor wem? Vermeer?
Von Ajax? Um auch den noch
zu umspielen und die Pille einzunet-
zen? Nein, das ist der Alltag auf dem
Fußballplatz. Der Spieler träumt von
einem menschenleeren Kunstmuseum:
nur er, der Fußball-Meister CR7, und der
Maler-Fürst Jan Vermeer, sonst nichts und
niemand. „Dann ist das Mädchen mit
dem Perlenohrring ganz allein mein
Ding!“ Dass Ronaldo kinderlieb
ist, weiß man schon
lange.

Hasta la Mista!
RUND
RIEDERWALDBÖ
LLENFALLTORB
ETZENBERGUHL
ENKRUGROSENA
UBOEKELBER
GALM

Einer der Besten

Über
den Spieler Hospert
heißt es, er habe „durch Abwesen-
heit geglänzt“. Da er nicht aufgestellt
war, konnte er weder dem Ball noch seinen
Mitspielern im Wege stehen. Was dem Spiel-
fluss seiner Mannschaft zugute kam. Seine Gegenspieler vermissten ihn sehr. Sie hatten ihn als
„Schwachstelle“ ausgemacht. Die Gelegenheit,
ihn ein ums andere Mal zu vernaschen und den
freien Weg aufs Tor zu gehen, die fehlte ihnen.
Darum gebührt auch Hospert einen großen An-
teil am Erfolg seiner Elf. Der Spieler selbst
gab sich bescheiden: „Ich bin froh,
dass ich meiner Mannschaft
helfen konnte.“

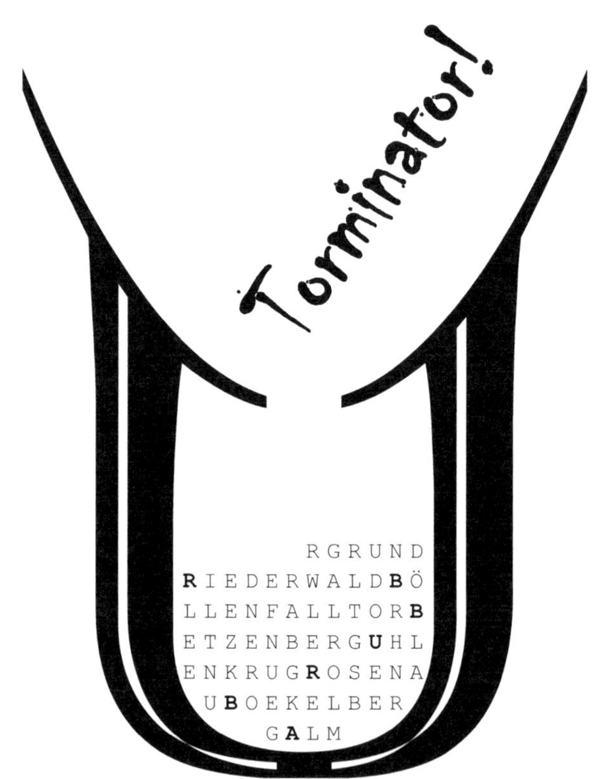
Torminator!
RGRUND
RIEDERWALDBÖ
LLENFALLTORB
ETZENBERGUHL
ENKRUGROSENA
UBOEKELBER
GALM

Integración

Als Anibal Matellán, ein argentinisches Abwehrbollwerk, zu Schalke 04 in die Bundesliga kam und mit seinem Chevrolet zum ersten Mal eine Tankstelle aufsuchte, blieb er geschlagene 15 Minuten lang in seinem Auto sitzen, ohne sich zu rühren. Dann erst begann er zu begreifen, dass es hier vielleicht keinen Tankwart gibt, der kommt und die Karre auftankt. Er war hier nicht in Argentinien, wo der Service noch stimmte, sondern in Deutschland, wo man alles selber machen musste und zur Belohnung dafür einen höheren Preis zahlen durfte. „Hätte ich mich nicht schnell an die neuen Gegebenheiten angepasst“, erzählte der Gaucho später, „wäre ich vielleicht verhungert.“

Mach ihn lang!
MERGRUND
RIEDERWALDBÖ
LLENFALLTORB
ETZENBERGUHL
ENKRUGROSENA
UBOEKELBER
GALM

Alles so brav geworden

Als Harald Schumacher, der nur „Toni“, „Tünn“ oder „Tünnemann“ gerufen wurde, Nationaltorhüter war, wurde folgende Heldentat berichtet: Toni ist zu einer Kindstaufe eingeladen. Der Pfarrer trägt das Baby auf dem Arm und beträufelt es mit Weihwasser, da passiert es – das Kind entgleitet ihm. Ein Aufschrei geht durch die Kirche. Geistesgegenwärtig hechtet Toni los und fängt in kühner Flugparade die kleine Maus knapp über den Fliesen. Ohrenbetäubender Jubel. Dann tippt Toni das Baby zweimal auf und schlägt es gekonnt ab, direkt in den Arm seiner Mutter.

Findet sich über die Torwächter, die nach Toni kamen, eine Anekdote wie diese? Für Neuer, den lange Jahre weltbesten, gibt es nicht einmal einen Spitznamen.

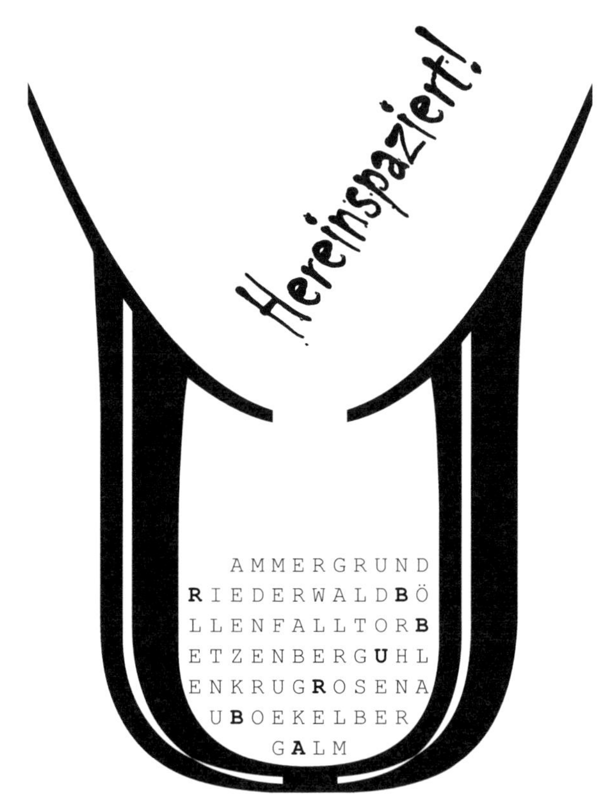
Hereinspaziert!
AMMERGRUND
RIEDERWALD**B**Ö
LLENFALLTOR**B**
ETZENBERG**U**HL
ENKRUG**R**OSENA
U**B**OEKELBER
G**A**LM

Hinternlastig

Riesengroß die Angst, dass einer seiner Jungs sich als verkehrtherum entpuppen könnte, als warmer Bruder vom anderen Ufer, als einer, der durchs Hintertürchen kommt. Das führt zu kuriosen Verrenkungen, auch in der Sprache. „Es ist mir gelungen“, rühmt sich Mario Hopper, Trainer des Viertligisten Nieder-Rumpelstilz, „aus älteren und jüngeren Spielern eine monogame Einheit zu bilden.“ Das Wort „homogen“ hätte er nicht über seine schmalen Lippen gebracht.

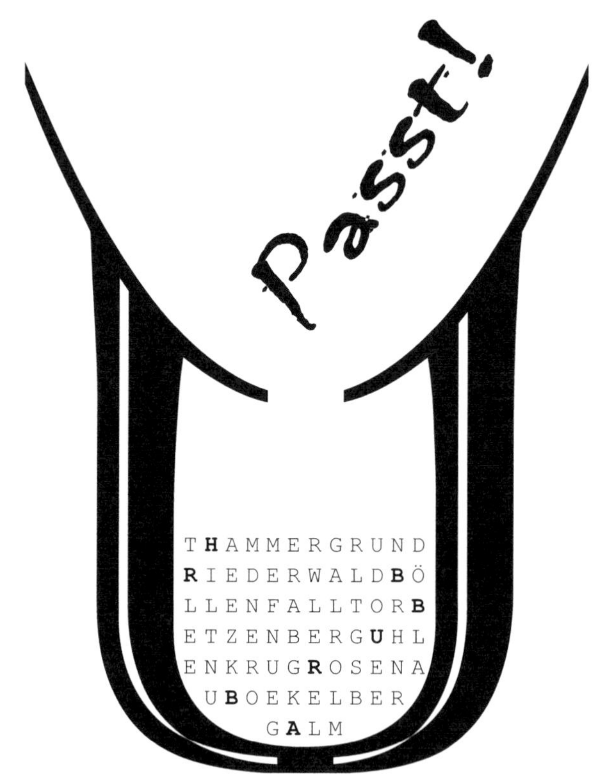
Passt!
THAMMERGRUND
RIEDERWALDBÖ
LLENFALLTORB
ETZENBERGUHL
ENKRUGROSENA
UBOEKELBER
GALM

Nicht so einfach

„Jean-Maurice, wo steht eigentlich der Kölner Dom?“

Die Lehrerin in der Hauptschule Gelsenkirchen glaubte nicht, dass man auf diese Frage eine falsche Antwort geben kann. Darum stellte sie Jean-Maurice die Frage, „um ihn aufzubauen“, sagte sie, denn der Junge galt als „lernschwach“.

„In München, schätz ich“, antwortete Jean-Maurice.

Die Lehrerin fiel aus allen Wolken.

„Wie kommst du denn da drauf?“

„In München ist doch alles.“

„Na, das find ich jetzt aber ein bisschen übertrieben.“

„Finden Sie?“

„Ja, sicher.“

„Gut, dann frag ich Sie mal was: Wo spielt der Schalker Manuel Neuer?“

„In Schalke, bei Schalke 04!“

„Denkste! In München, bei den Bayern!“

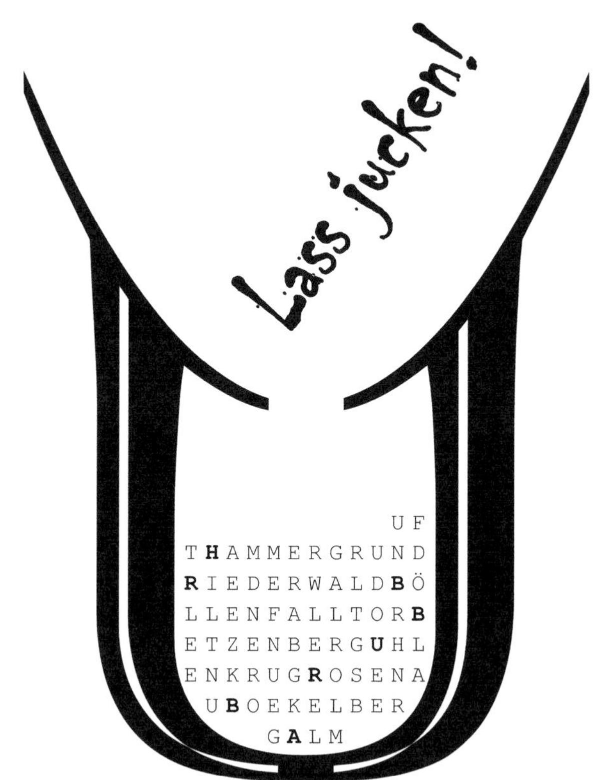
Lass jucken!
UF
THAMMERGRUND
RIEDERWALDBÖ
LLENFALLTORB
ETZENBERGUHL
ENKRUGROSENA
UBOEKELBER
GALM

Alternder Star

Früher schaute
er lieber zwei- als einmal
in den Spiegel. Er konnte sich
gar nicht genug an sich selbst ergöt-
zen. Die hohen Wangenknochen, die
sinnliche Nasen-Mund-Partie, das Brust-
Massiv, der korrekt gezimmerte Rücken.
Nicht zu vergessen: das volle Haar, das
vor allem. – Heute achtet er darauf,
dass der Spiegel noch beschlagen
ist, wenn er aus der Bade-
wanne steigt.

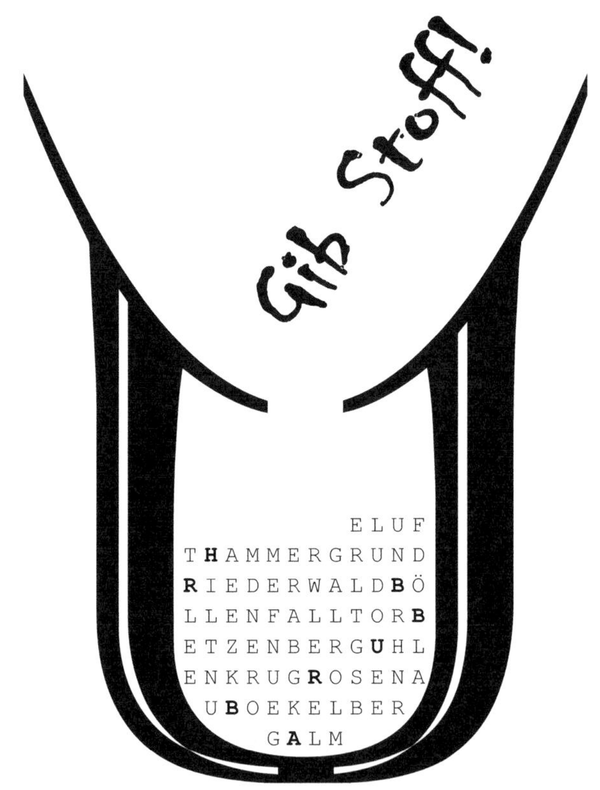
Gib Stoff!
ELUF
THAMMERGRUND
RIEDERWALDBÖ
LLENFALLTORB
ETZENBERGUHL
ENKRUGROSENA
UBOEKELBER
GALM

Es bleiben Fragen

„Willy-Blue“ und „Rochus-Evidence“ hießen seine Freunde. Der elfjährige Émile-Carlo war einiges gewohnt, was Vornamen betraf. Aber „Lottoma“ hatte er noch nie gehört. Das war die Stunde für Papa Franz-Josef. Jetzt konnte er auftrumpfen und vom Krieg erzählen: „Deutscher Meister, Europameister, Weltmeister, das ist der Lottoma, wie er leibt und lebt! Weltfußballer wie Ronaldo, Meister aller Klassen wie Maradona! An den wird man sich noch erinnern, wenn keiner mehr weiß, wer Angela Merkel war!“ Émile-Carlo war beeindruckt, aber irgendetwas passte da nicht zusammen. Wenn der Lottoma doch so weltberühmt und weltbeliebt ist, warum nennen Eltern ihren Nachwuchs nicht nach ihm? Er kennt jede Menge Diegos und Cristianos, aber keinen einzigen Jungen, der Lottoma heißt. Seinen Freunden geht es nicht anders. Einer der Burschen wirft dazwischen, dass er auch keinen kenne, der „Rheuma“ heißt, obwohl der holländische Torjäger der Bayern jede Menge Fans habe. Kein Lottoma, kein Rheuma weit und breit. Also, irgendwas muss mit Lottoma Thäus und Rheuma Kaay nicht stimmen.

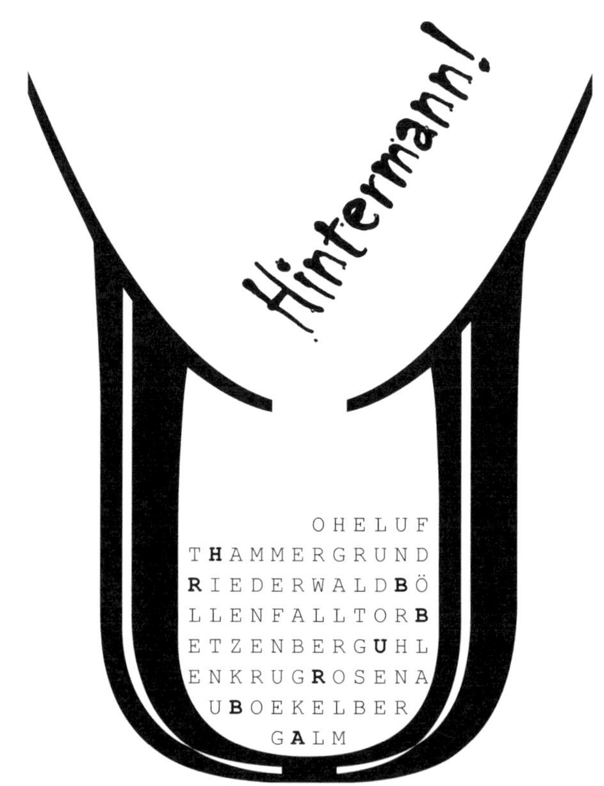
Hintermann!
OHELUF
THAMMERGRUND
RIEDERWALDBÖ
LLENFALLTORB
ETZENBERGUHL
ENKRUGROSENA
UBOEKELBER
GALM

Der Zweifel

Die von ihm überzeugt waren, lobten ihn über den grünen Klee: „Am Ball kann der alles!“ – Die weniger Überzeugten hielten spöttisch dagegen: „Ja, ja, aufpumpen, einfetten …“ (Für die Nachgeborenen: Als die Bälle noch aus Leder waren, musste man sie regelmäßig einfetten, damit sie geschmeidig blieben.) – So gingen die Meinungen eine Zeit lang auseinander. Bis der Spieler eines Tages auch die Überzeugten zweifeln ließ. Nach einem misslungenen Dribbling war er an der gegnerischen Strafraumecke stehen geblieben, um verärgert auszuspucken. Aber er rotzte so dilettantisch, dass er einen Satz machen musste, um nicht vom eigenen Speichel getroffen zu werden. So spuckt kein Ausnahmespieler, wirklich nicht! Das war nicht mal dritte Liga!

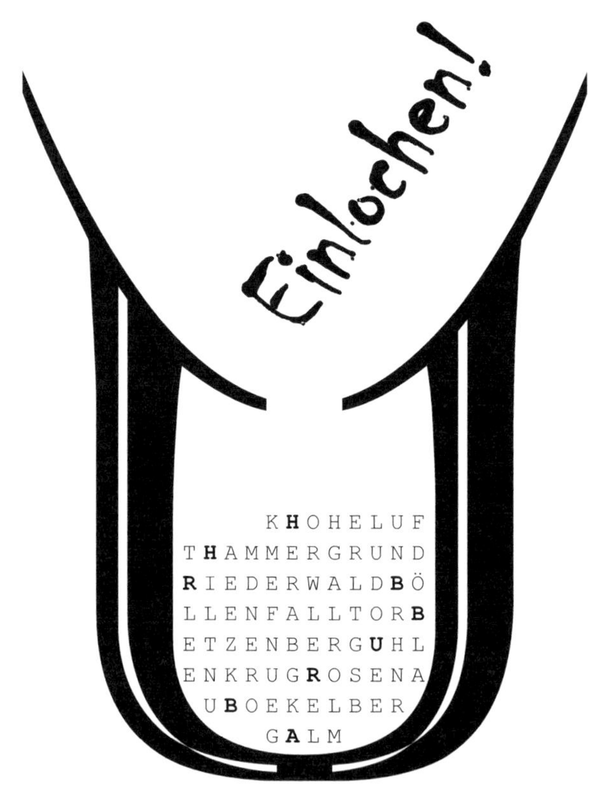
Einlochen!
KHOHELUF
THAMMERGRUND
RIEDERWALDBÖ
LLENFALLTORB
ETZENBERGUHL
ENKRUGROSENA
UBOEKELBER
GALM

Verletzungslyrik

Welcher Bundesligaspieler erleidet heute noch einen simplen Beinbruch! Das ist mittlerweile eine Verletzung für die Stolperfußballer der Kreisklasse. Der Vollprofi fällt in der Regel dadurch auf, dass ihn ein „Bündelabriss am Syndesmoseköpfchen" wochenlang außer Gefecht setzt. Schon der Name klingt wie ein Gedicht: „Bündelabriss am Syndesmoseköpfchen" – darauf ein feinherbes Moseltröpfchen! Je höher die Klasse, desto ausgefallener die Wehwehchen. Nur Kaiser Franz, der alte Stänkerer aus Giesing, traut dem Braten nicht. Er behauptet sogar, dass die Spieler seiner Generation – „der Günter, der Wölfi, der Gerd und meine Wenigkeit" – so ein „Syndesmosedingsbums" gar nicht besaßen, was sehr von Vorteil war, denn „somit konnte bei uns auch nix reißen", so der Kaiser in seiner naturbelassenen Logik. Eine ähnliche These hatte er vor Jahren im Hinblick auf das Risiko von Gehirnerschütterungen bei Spielern von Bayern München vertreten: „Wo nichts ist, kann auch nichts erschüttert werden." – Aber zu Kaisers Zeiten war sowieso alles anders. Damals hat man noch für die Ehre gespielt und nicht für die Marie. Wenn heute ein Profi das Wort „Ehre" hört, glaubt er sich verhört zu haben und fragt irritiert zurück: „Meinten Sie Reha?"

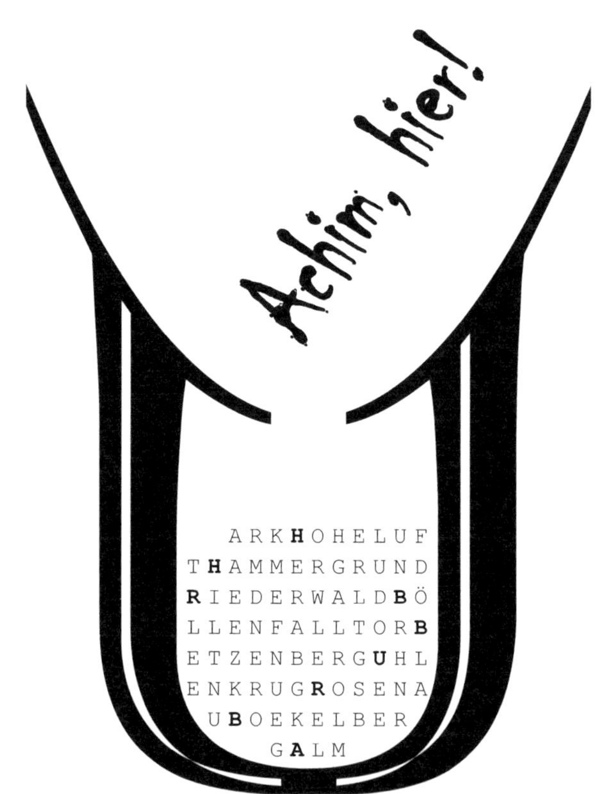
Achim, hier!
ARKHOHELUF
THAMMERGRUND
RIEDERWALDBÖ
LLENFALLTORB
ETZENBERGUHL
ENKRUGROSENA
UBOEKELBER
GALM

Das Unglück

Ein Schauspieler vor dem Herrn, ein Jünger Boninsegnas, ein Simulant der schlimmsten Sorte! „Schon bei die kleinste Tatsch geht er liegen“, sagt sein holländischer Gegenspieler. Jetzt lag er wieder. Nicht ohne sich vorher dreimal um die eigene Achse gewälzt zu haben. Dem Schiedsrichter reichte es. Er baute sich vor dem Flachmann auf und zeigte ihm den gelben Karton. Der Simulant rührte sich nicht. Als Mitspieler ihm helfen wollten, wieder auf die Beine zu kommen: keine Reaktion. Jetzt winkte man zum Tribünenausgang, wo das Rote Kreuz stand. Sanitäter rannten aufs Feld, mit ihnen der Mannschaftsarzt. Dann wurde eine Trage gebracht. Der Simulant rührte sich nicht. Aus der Trage wurde eine Bahre. Alle waren außer sich. Nur der Schiedsrichter blieb gefasst: „Die Gelbe Karte habe ich natürlich zurückgenommen.“

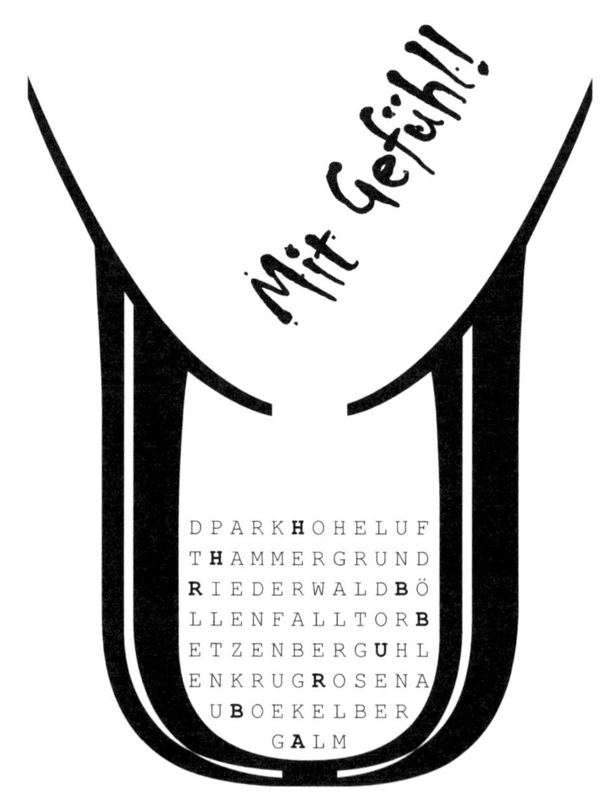
Mit Gefühl!!
DPARKHOHELUF
THAMMERGRUND
RIEDERWALDBÖ
LLENFALLTORB
ETZENBERGUHL
ENKRUGROSENA
UBOEKELBER
GALM

Seltsamer Gast

In einer Talkshow voller Lebemänner und Lebefrauen kann sich der bekannte Fußballspieler mit der „eingebauten Torgarantie" (Reporter-Jargon) nur schwer verständlich machen. Er hatte gegenüber der Moderatorin zugeben müssen, nicht zu wissen, was ein Alkoholrausch ist. Noch nie in seinen 28 Jahren sei er betrunken gewesen. „Das ist doch kein Leben!", entfuhr es daraufhin der Talkmasterin unter großem Applaus aus der Runde. Andere Anwesende wollen jetzt wissen, wie so etwas passieren kann. „Keine Zeit", antwortet der Fußballer, „außerdem eine Frau, die aufpasst". Die Runde lacht. „Und zwei kleine Kinder", setzt er noch hinzu. Drei Gründe also, die andere in den Vollrausch treiben! „Sie sind mir vielleicht ein seltsamer Heiliger", sagt die Moderatorin noch und leitet zum nächsten Gast über, der mit glasigen Augen in die Kamera grinst.

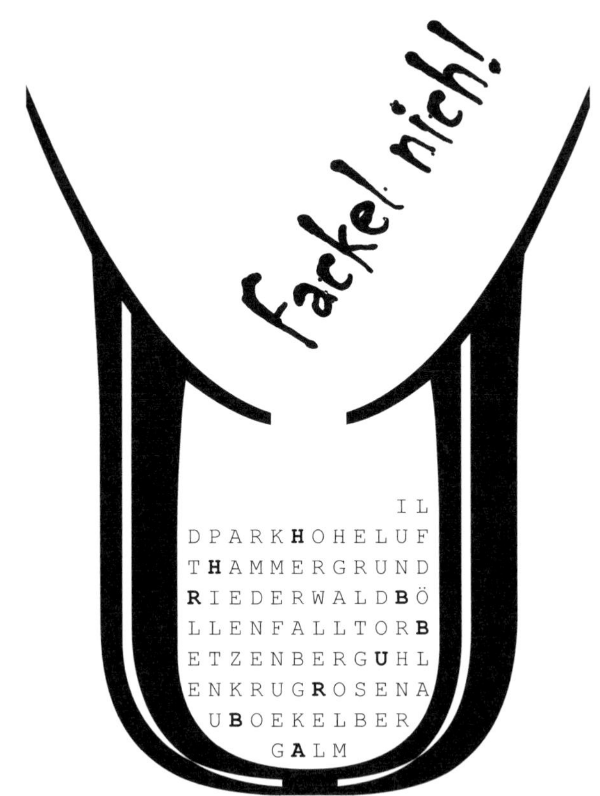
Fackel nich!
IL
DPARKHOHELUF
THAMMERGRUND
RIEDERWALDBÖ
LLENFALLTORB
ETZENBERGUHL
ENKRUGROSENA
UBOEKELBER
GALM

Nachmittags auf dem Bolzplatz

Unter
lauter nigelnagelneuen
Fußballschuhen aus leuchtend buntem
Kunststoff fallen zwei graue Jesuslatschen auf. Sie
gehören zu dem Jungen aus dem Asylanten-Container.
Flüchtling aus Syrien. Die nigelnagelneuen Fußballschuhe
loben sich selbst dafür, dass sie so einen überhaupt mitspielen lassen. Manchmal machen sie sich einen Jux. Dann lassen sie den Asy
barfuß spielen. Damit sie ihm noch besser die Knochen polieren können.

Durch die monatelangen Ausweich-Übungen, um den teils ungenierten, teils hinterhältigen Tritten der glänzenden Fußballschuhe aus dem Weg zu gehen, denen er ungeschützt ausgesetzt war, ist der Junge aus dem Asylanten-Container zum besten Dribbler von allen geworden. Seine Mitspieler umkurvt er jetzt wie Slalomstangen. Ihre Tritte gehen ins Leere. Die Burschen kommen aus dem Gleichgewicht, fallen auf den Arsch und sehen aus wie auf dem Rücken gestrandete Maikäfer.

Dem benachbarten Bundesligaklub ist das Talent des Flüchtlingskindes nicht
verborgen geblieben. Mittlerweile hat der Junge nicht nur richtige Fußballschuhe, sogar mehrere Paare, sondern auch das meiste Taschengeld
in der Woche. Allerdings fehlt ihm jetzt die Zeit, mit seinen alten
Kumpels zu pöhlen, die sich gerne das eine oder andere von
ihm abgucken würden. Aber die alten Kumpels sind stolz.
Ohne sie wäre er nicht der, der er heute ist. Jetzt
erwarten sie, dass sich der Asy erkenntlich
zeigt. Genug Taschengeld
hat er ja.

Sauber, Dennis!
DWIL
DPARKHOHELUF
THAMMERGRUND
RIEDERWALDBÖ
LLENFALLTORB
ETZENBERGUHL
ENKRUGROSENA
UBOEKELBER
GALM

Lebenslänglich

Als er 11 war,
wurde er zum Anhänger
der Blauen.

Sie kamen aus der Nachbarschaft und
spielten ganz oben mit.

Sie waren die Kleinen und sie schlugen die Großen.

An den Spieltagen vibrierte die Luft, und er fieberte
mit, in der Nordkurve, dritte Platane von rechts.

Das ging 20 Jahre so.

Als er 31 war, begann es abwärts zu gehen, nur
noch abwärts, trotz des neuen Stadions mit
Dach, aber ohne Platanen.

Heute, wiederum 20 Jahre später, genießt
er jeden Tag, an dem sein Verein
nicht spielt.

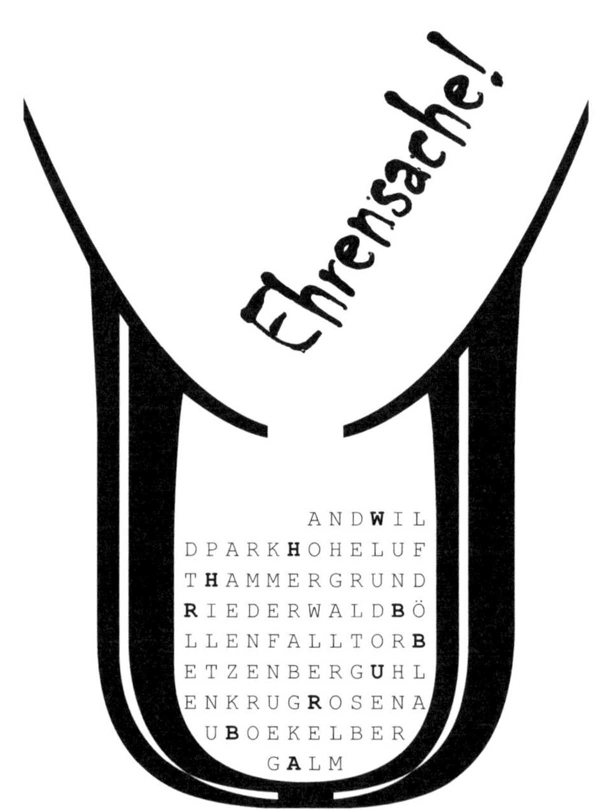
Ehrensache!
ANDWIL
DPARKHOHELUF
THAMMERGRUND
RIEDERWALDBÖ
LLENFALLTORB
ETZENBERGUHL
ENKRUGROSENA
UBOEKELBER
GALM

Angriff der 14 auf die 7

Er bewohnte einen Bungalow direkt am Meeresstrand. Aber bis zum Meer ist er nie gekommen, weil auf dem Weg dorthin eine kleine Strand-Bar mit viel Whiskey lag. Von George Best ist die Rede, Europas Fußballer des Jahres 1968, der in seiner Spätphase bei den Fort Lauderdale Strikers in Florida spielte. George Best war der Größte, nicht nur im Saufen. Nur Johan Cruyff, sein Rivale um die Nummer eins in Europa, sah das anders. „Es gibt nur einen Spieler“, sagte er, „dessen Rückennummer größer ist als sein Intelligenzquotient, und das ist George Best.“ Als Best das hörte, musste er lachen: „Dass Johan doppelt so schlau ist wie ich, erkennt man schon daran, dass er die 14 auf dem Rücken trägt, ich nur die 7. Das Dumme ist nur, dass es im Fußball gar keine 14 braucht, denn jede Mannschaft hat ja nur 11 Spieler.“

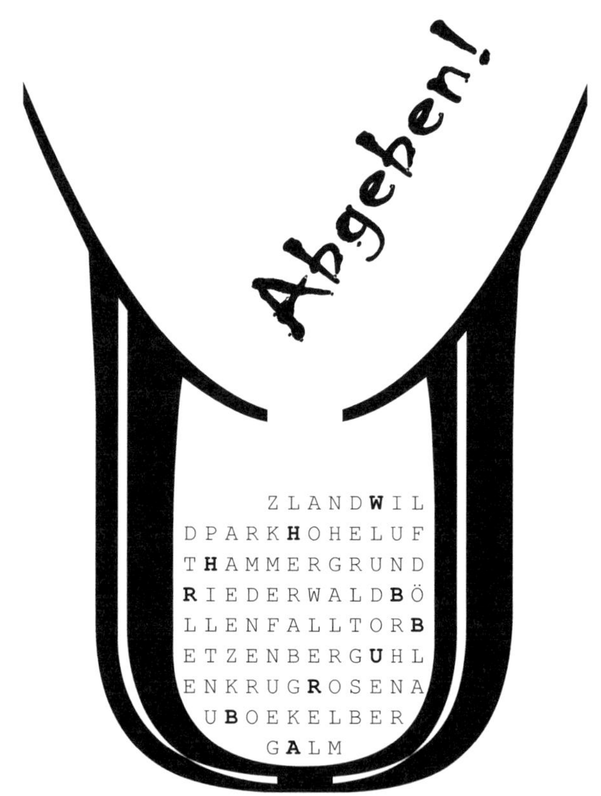
Abgeben!
ZLANDWIL
DPARKHOHELUF
THAMMERGRUND
RIEDERWALDBÖ
LLENFALLTORB
ETZENBERGUHL
ENKRUGROSENA
UBOEKELBER
GALM

Bestseller unter sich

Zwei in die Jahre gekommene Fußballstars sind unter die Autoren gegangen. „TOR! TOR! TOR!“ heißt der Titel des einstmals großen Torjägers. – Der andere, ein international anerkannter Abwehrrecke, nennt sein Buch: „TURM IN DER SCHLACHT“. – Treffen sich beide auf der Buchmesse. Sagt der Defensivmann: „Dein Buch ist ganz ausgezeichnet, lieber Gerd, wer hat es denn geschrieben?“ Darauf der Goalgetter: „Freut mich sehr, lieber Jürgen, dass dir mein Buch gefällt! Wer hat es dir denn vorgelesen?“

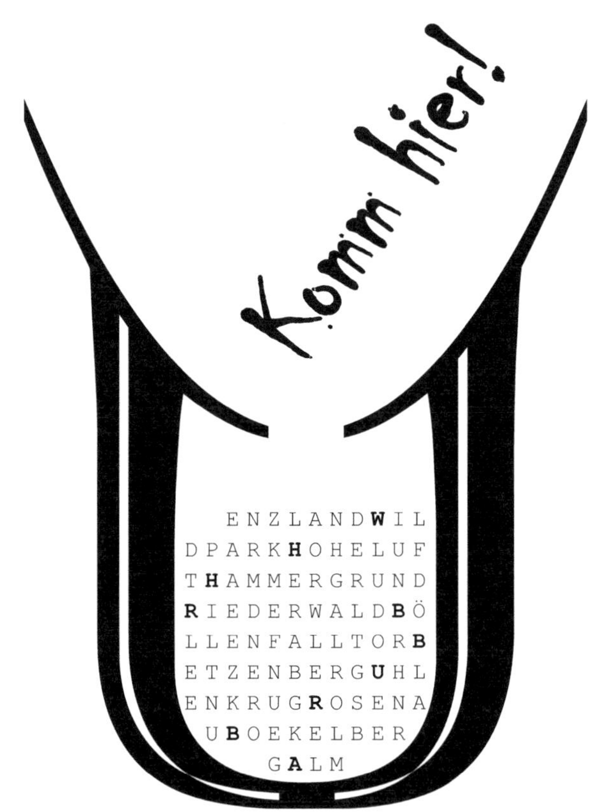
Komm hier!
ENZLANDWIL
DPARKHOHELUF
THAMMERGRUND
RIEDERWALDBÖ
LLENFALLTORB
ETZENBERGUHL
ENKRUGROSENA
UBOEKELBER
GALM

Stille Wasser sind tief

Er war bekannt für seine Einsilbigkeit. Nur ja kein Wort zu viel! Zerrissen sich seine Kollegen das Maul bei umstrittenen Themen des Tages, sagte er oft nur: „Soso.“ Also erfanden Scherzkekse den Necknamen „Sososokrates“ für ihn. Seit dem für seine Verhältnisse ausschweifenden Kommentar zum mageren 1:1 seiner Mannschaft gegen Köln gilt der Trainer nun endgültig als der einzige Philosoph unter lauter Fußball-Tagelöhnern. Und was hatte er den Journalisten in den Block diktiert? „Heute war mehr drin, aber auch weniger.“

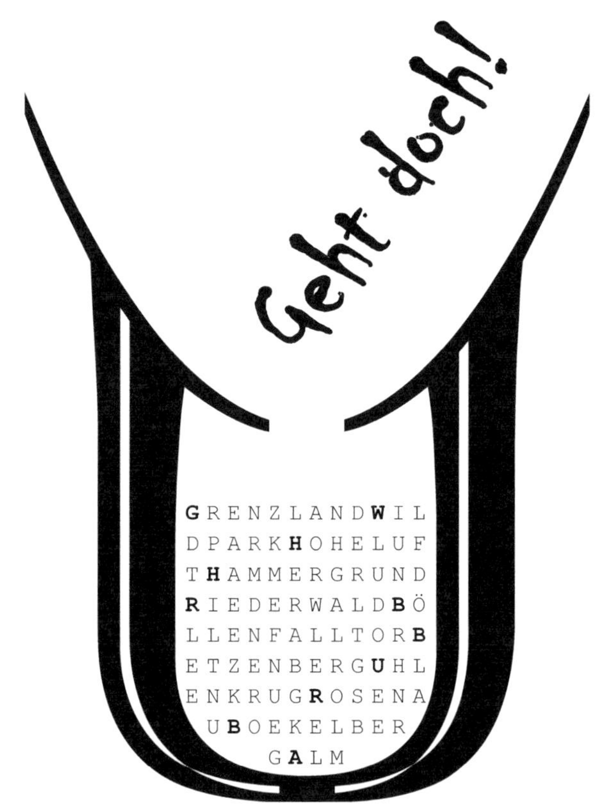
Geht doch!
GRENZLANDWIL
DPARKHOHELUF
THAMMERGRUND
RIEDERWALDBÖ
LLENFALLTORB
ETZENBERGUHL
ENKRUGROSENA
UBOEKELBER
GALM

Von Holland lernen

FC, Fußballclub. SV, Spiel-oder Sportverein. VfB, Verein für Ball- oder Bewegungsspiele. Triste Namen ohne Pfiff. Wie anders die Holländer: ADO Heemskerk, Aanhouden Doet Overwinnen = Durchhalten lässt siegen; THOR Venlo, Tot Heil Onzer Ribbenkast = zum Heil unseres Brustkorbs; TOP Oss, Tot Onz Plezier = zu unserem Vergnügen. Von Holland lernen! Aus der „Borussia" wird ZHUB Dortmund und aus „Bayern" wird PIDIWA München. „Zum Heil unseres Brustkorbs" gegen „Piss die Wand an", da brennt die Luft schon bei der Namensnennung!

Zieh durch!
AU
GRENZLANDWIL
DPARKHOHELUF
THAMMERGRUND
RIEDERWALDBÖ
LLENFALLTORB
ETZENBERGUHL
ENKRUGROSENA
UBOEKELBER
GALM

Abschied vom freien Mann

Seine neue Nummer Neun könne problemlos eine Neuneinhalb spielen, dozierte der Trainer, auch hängende Neun genannt. Dann rücke der Zehner eben in die Position eines falschen Achters und die Acht bilde mit der Sechs zusammen die Doppelsechs, die nach hinten durch die abkippende Vier abgesichert werde, sodass man statt mit einer Kette auf einer Linie mit einer stumpfen Raute im Raum spiele. Eine Rückkehr der vagabundierenden Fünf schließe er allerdings aus, sagte der Trainer, der noch gesprächiger wurde, wenn man ihn konsequent mit „Konzept-Trainer" anredete. Die vagabundierende Fünf sei schon deshalb überflüssig, weil im Tor einer modernen Mannschaft keine simple Eins mehr stehe, sondern eine Eins Plus, die als elfter Feldspieler in die Rolle des vagbundierenden Fünfers schlüpfe, sollte es der Spielverlauf nötig machen. – „Entschuldigen Sie", wirft ein jüngerer Journalist der schreibenden Zunft ein, „*hängende Neun* und *abkippende Vier* sind mir wohl geläufig, aber was ist ein *vagabundierender Fünfer*? Hab ich echt noch nie gehört. Helfen Sie mir!" Weitere Kollegen schließen sich an. „Libero" hieß der früher, erinnert sich der Konzept-Trainer, auch „freier Mann" oder einfach „Beckenbauer". Gute alte Zeit! Als Spaziergänge auf dem Platz noch „Tempovorstöße" hießen. Und „Syndesmose" noch ein Dingsbums war, siehe Seite 91.

Abstauber!
EDAU
GRENZLANDWIL
DPARKHOHELUF
THAMMERGRUND
RIEDERWALDBÖ
LLENFALLTORB
ETZENBERGUHL
ENKRUGROSENA
UBOEKELBER
GALM

Eia darf das

Spielmacher Werner „Eia“ Krämer genoss ein ganz besonderes Privileg. Auf seinem Platz in der Umkleidekabine befand sich immer eine Flasche Bier („König Pilsener“) und eine Schachtel Zigaretten („Ernte 23“). Als einziger Spieler durfte Eia Krämer vor dem Spiel und in der Halbzeitpause einen Zug aus der Zigarette und einen Schluck aus der Pulle nehmen. Trainer Eppenhoff wusste auch, warum: „Nimmssu dem Eia datt Pilsken un nimmssu dem Eia die Fluppen, dann nimmssu dem Eia datt Können.“ – Das war groß gedacht und groß getan!

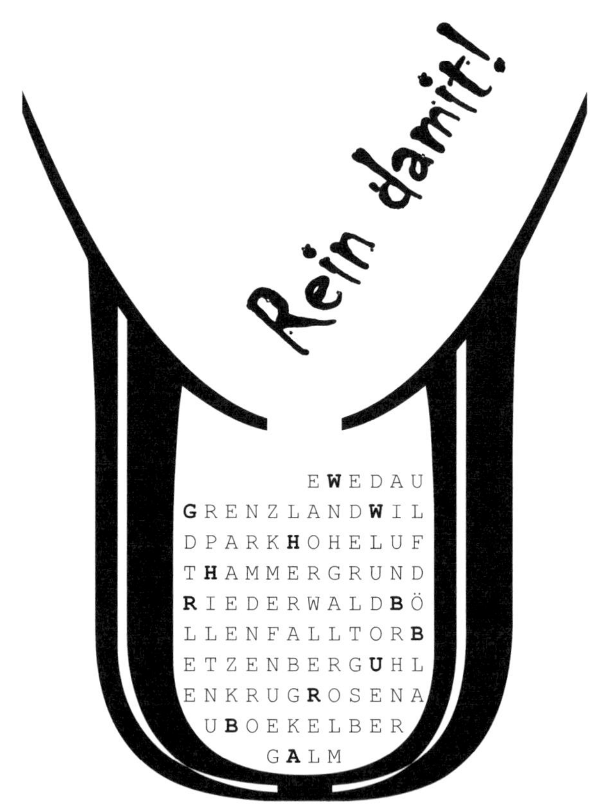
Rein damit!
EWEDAU
GRENZLANDWIL
DPARKHOHELUF
THAMMERGRUND
RIEDERWALDBÖ
LLENFALLTORB
ETZENBERGUHL
ENKRUGROSENA
UBOEKELBER
GALM

Herrschende Meinung

„Heutzutage werden die Spiele im Kopf entschieden“, verkündete der Trainer vor versammelter Presse, „oder, um es blumiger zu sagen: Der Kopf ist das dritte Bein des Spielers.“ Als man „Liebchen“ Breuer mit der Aussage seines Lehrmeisters konfrontierte, meinte er nur: „Was nützt das ganze Kopfgedöns, wenn die Füße nicht mitspielen! Im Übrigen trage ich mein drittes Bein zwischen den beiden anderen.“ In der darauffolgenden Meisterschaftspartie musste Stammspieler Breuer neunzig Minuten lang auf der Ersatzbank schmoren.

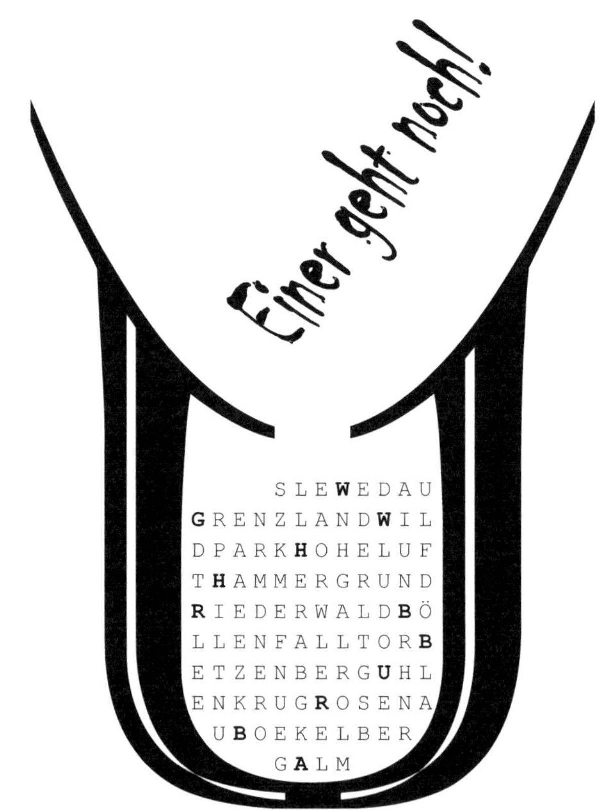
Einer geht noch!
SLEWEDAU
GRENZLANDWILD
DPARKHOHELUF
THAMMERGRUND
RIEDERWALDBÖ
LLENFALLTORB
ETZENBERGUHL
ENKRUGROSENA
UBOEKELBER
GALM

Rekordersatzmann

Der Fußballspieler Hackenreuther war in 248 Spielen kein einziges Mal eingesetzt worden. 248 Spiele lang saß er als Ersatzspieler auf der Reservebank. Das sind sieben Jahre, in denen er nicht ein Mal fehlte. Jetzt fand sein Abschiedsspiel vor großer Kulisse statt. Nach dem Schlusspfiff stürmten die Spieler beider Mannschaften auf die Ersatzbank zu, um den Kameraden Hacki auf ihre Schultern zu heben und über den Platz zu tragen. Würdiger Abschluss einer langen Karriere!

Wird knapp!
OESLEWEDAU
GRENZLANDWIL
DPARKHOHELUF
THAMMERGRUND
RIEDERWALDBÖ
LLENFALLTORB
ETZENBERGUHL
ENKRUGROSENA
UBOEKELBER
GALM

Der Dritte

In einem Fußball-
spiel gibt es nicht nur zwei
Parteien, Spieler und Gegenspieler,
sondern drei. Am Ende gewinnt das
Spiel, wer sich am besten mit dem Dritten
im Bunde versteht. Auch die Besten der Welt
sind auf sein Wohlwollen angewiesen. „Bitte
lass mich jetzt nicht im Stich“, flehte Leo Messi
ihn an, bevor er ihm die Haare aus der Stirn
strich und ihn vorsichtig auf den Elfmeter-
punkt legte, Ventil nach oben, wie immer.
Der Dritte im Bunde erhörte den Spieler
und schmuggelte sich über die In-
nenseite des linken Pfostens
ins Netz.

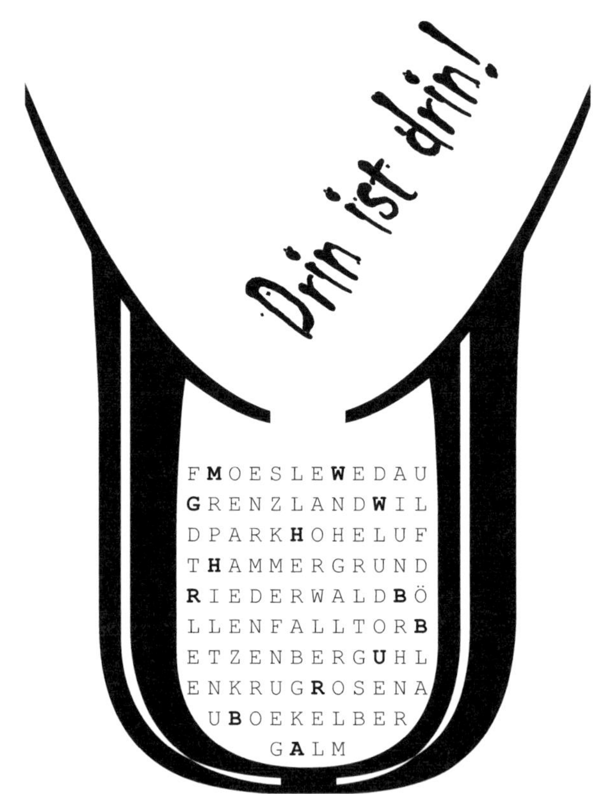
Drin ist drin!
FMOESLEWEDAU
GRENZLANDWIL
DPARKHOHELUF
THAMMERGRUND
RIEDERWALDBÖ
LLENFALLTORB
ETZENBERGUHL
ENKRUGROSENA
UBOEKELBER
GALM

Auswahlgespräch

Wenn
die Leute mich fragen,
welches Datum wir heute haben, sage ich: „Heute ist der letzte
Tag.“ Dann achte ich auf die Reaktion der Leute. Nur die wahren Kenner
sagen dann: „Einunddreißigster August
also! Letzter Tag, um den Verein zu
wechseln.“ So finde ich heraus,
mit wem es sich lohnt, im Ge-
spräch zu bleiben. Und
mit wem nicht.

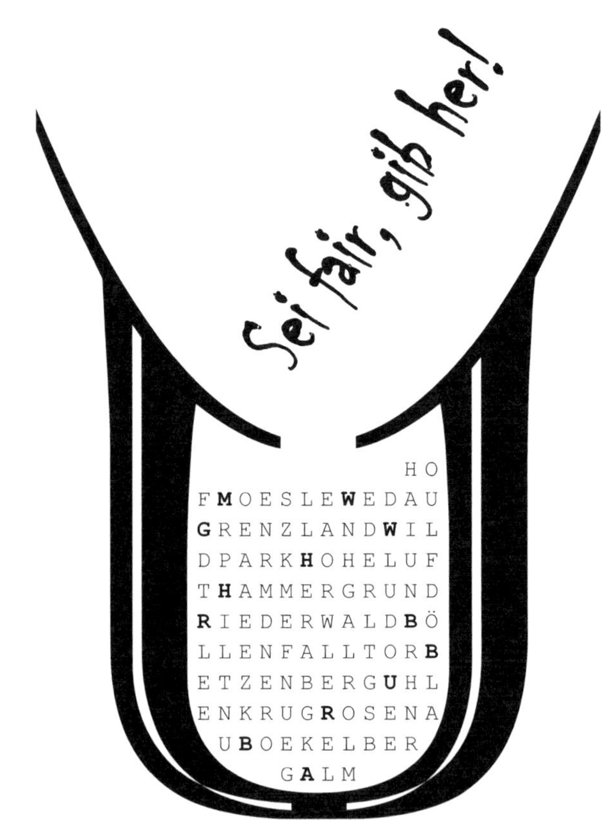
Sei fair, gib her!
HO
FMOESLEWEDAU
GRENZLANDWIL
DPARKHOHELUF
THAMMERGRUND
RIEDERWALDBÖ
LLENFALLTORB
ETZENBERGUHL
ENKRUGROSENA
UBOEKELBER
GALM

Ein weites Feld

Manchmal gehen
die Themen auf der Sportseite
weit auseinander. Oben links wird
Spieler G. gefragt, was die Nagelbettent-
zündung am großen Zeh mache. „Hartnäckig“
ist der Beitrag überschrieben. Wenige Zeilen da-
runter antwortet Mannschaftskapitän Z. auf die
Frage, wer für ihn die wichtigste Persönlichkeit unserer Zeit sei: „Gott“. Das Wort reicht mit seinen
vier großen Buchstaben von Seitenrand zu Seitenrand. Unten rechts übt sich Mittelfeldstar R. in
Bescheidenheit. Ob er zu den Top Ten gehöre,
das könne er nicht beurteilen, das müssten
andere tun. Aber zu den Top One zähle
er sich schon. „Zurückhaltend“
fasst die Überschrift
zusammen.

Gib alles!
ONHO
FMOESLEWEDAU
GRENZLANDWIL
DPARKHOHELUF
THAMMERGRUND
RIEDERWALDBÖ
LLENFALLTORB
ETZENBERGUHL
ENKRUGROSENA
UBOEKELBER
GALM

Achtung!

Seit BILD, FAZ
und TAZ den Fußballspie-
ler Dieter „Wauwau“ Dackel
wegen seines gewaltigen Schuss-
vermögens zum „Dr. Hammer“ promoviert haben, besteht der Spieler
darauf, statt als „Schütze“ nur noch
als „Autor“ von Toren bezeichnet zu
werden. Bei Zuwiderhandlungen
droht er BILD, FAZ und TAZ mit
seinem Anwalt Doktor
Sowieso.

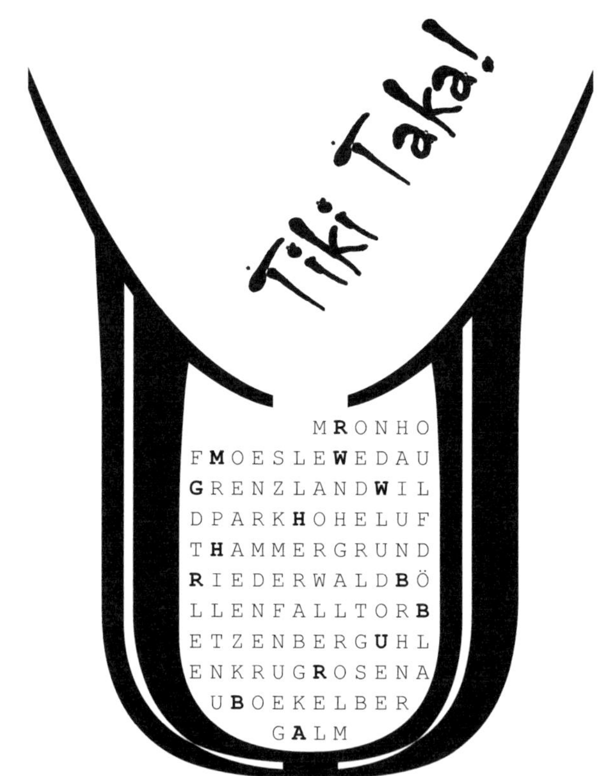
Tiki Taka!
MRONHO
FMOESLEWEDAU
GRENZLANDWIL
DPARKHOHELUF
THAMMERGRUND
RIEDERWALDBÖ
LLENFALLTORB
ETZENBERGUHL
ENKRUGROSENA
UBOEKELBER
GALM

Alphabetisierung

Im alphabetischen Stichwortverzeichnis der Sporthochschulbibliothek zu Köln folgt auf das Wort „Fußballzauber“ das Wort „Fußbeschwerden“. Das Alphabet ordnet die Wörter ohne Ansehen ihrer Bedeutung. Wie sonst könnte im Duden unmittelbar auf die „Erbsünde“ die „Erbswurst“ folgen! Dennoch ist im Fall der Sporthochschulbibliothek eine gewisse Folgerichtigkeit nicht zu übersehen.

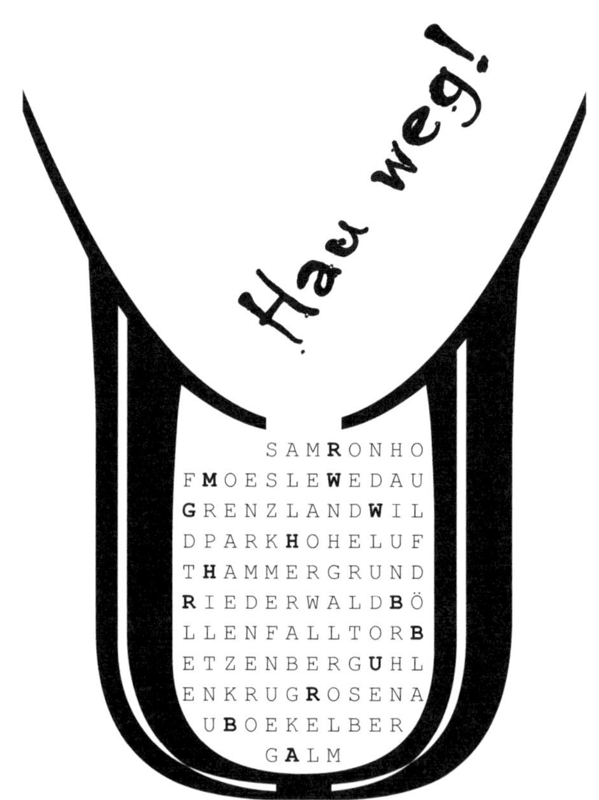
Hau weg!
SAMRONHO
FMOESLEWEDAU
GRENZLANDWIL
DPARKHOHELUF
THAMMERGRUND
RIEDERWALDBÖ
LLENFALLTORB
ETZENBERGUHL
ENKRUGROSENA
UBOEKELBER
GALM

Kampfbahnen, Kampfnamen

ALM,
TIVOLI, BETZE: schön
und kurz! GLÜCKAUF-KAMPF-
BAHN gefällt, BÖLLENFALLTOR auch.
Das WEDAU-STADION geht unter neuem
Namen aus dem Leim: SCHAU-INS-LAND-
REISEN-ARENA. Das ist nur noch feministisch
zu toppen: DEM-ERNST-KUZORRA-SEINE-ALTE-
IHR-STADION. Ein betagter Spielerfrauen-
versteher aus Schloss Bellevue wollte die
Hütte auf Schalke so nennen. Da nach Süden
hin der Geschmack abnimmt, wundert
die LIQUI-MOLI-ARENA im Altmühltal
nicht, nördlich der Mainlinie nur
DOLLY-BUSTER-BUMS
genannt.

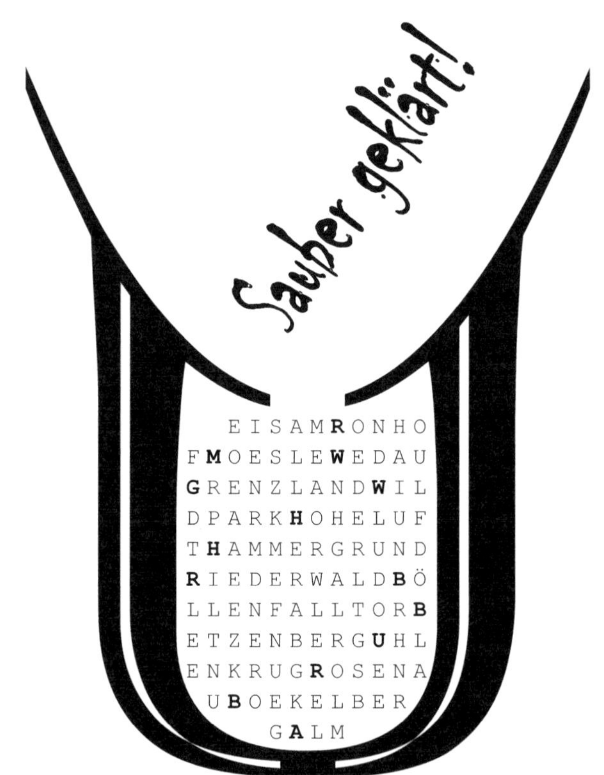
Sauber geklärt!
EISAMRONHO
FMOESLEWEDAU
GRENZLANDWIL
DPARKHOHELUF
THAMMERGRUND
RIEDERWALDBÖ
LLENFALLTORB
ETZENBERGUHL
ENKRUGROSENA
UBOEKELBER
GALM

Nach der Enttäuschung

Trainer Hotte Hrubesch bat um Verständnis. Unmittelbar nach dem bescheidenen Abschneiden seiner Truppe gegen den Außenseiter mochte er nichts über das Spiel sagen. „Ich muss das alles noch mal Paroli laufen lassen“, beschied er die Medienmeute und verließ grußlos den Presseraum. Als Kollege Netzer ihm hinter den Kulissen vorschlug, vielleicht statt „Paroli laufen“ besser „Revue passieren“ zu sagen, boxte Hotte seinem alten Kumpel jovial in die Seite: „Wenn du Revü passieren wills, Günner, dann fahr mann lieber nach Pariss, Muläng Ruusch un so, weiße!“ Der empfindliche Netzer, das niederrheinische Pferdsgesicht mit der Dreiwettertaft-Frisur, zog beleidigt vom Acker.

Auf Wiedersehn!
DREISAMRONHO
FMOESLEWEDAU
GRENZLANDWIL
DPARKHOHELUF
THAMMERGRUND
RIEDERWALDBÖ
LLENFALLTORB
ETZENBERGUHL
ENKRUGROSENA
UBOEKELBER
GALM

Wertewandel

Wenn
früher ein Elfmeter-
tor fiel, erzählt Alfredo di
Stefano, einst weltbester Fußballer, gab es unter den Spielern
keinen Jubel. Man habe sich ge-
schämt, das Ausnutzen eines solchen
Vorteils auch noch zu feiern. –
Wenn heute der Schiedsrichter
einen Elfmeter pfeift, jubeln
die Begünstigten bereits
im Voraus.

Biografische Notiz

Klaus Hansen, Jahrgang 1948, geboren und aufgewachsen in Pronsfeld, Eifel. Weiterführende Schulen im Ruhrgebiet. Studium in Münster: Philosophie und Psychologie, Publizistik und Ethnologie. 1977 zum Dr. phil. promoviert. Berufe: Dozent und Leiter einer Politischen Akademie; Regierungsdirektor im Bundesministerium des Innern; Professor für Politik und Kommunikation. Unter den Leidenschaften eine der hartnäckigsten: Anhänger des Meidericher Spielvereins. Unter den Ehrenämtern eines der schönsten: zehn Jahre im Vorstand des Fanprojekts von Borussia Mönchengladbach. Sportliche Aktivitäten: Handball und Leichtathletik (Hochsprung). Zahlreiche wissenschaftliche und belletristische Veröffentlichungen, zuletzt fußballliterarische Bücher mit bibliophilem Schönheitsanspruch: „Jedem Anpfiff wohnt ein Zauber inne“, Mannheim 2013; „soccer. stories, lyrics, essays“, Köln 2018.